Elogios par

¿Cómo deben hablar sobre el tema de la sexualidad los padres, pastores y líderes cristianos con las nuevas generaciones? Con el deseo de corregir modelos de pureza poco útiles, muchos dudan o incluso se muestran hostiles a enseñar la ética contracultural bíblica de la sexualidad. Dean Inserra ofrece una corrección valiente y pastoral a esta preocupante tendencia, al ofrecerles a los cristianos una guía básica para ayudar a los jóvenes a ver la riqueza del plan de Dios para una sexualidad y un matrimonio exitosos. En un mundo donde a nuestros hijos los bombardean con mensajes contradictorios, los padres deben ser intencionales. Este es un recurso que cada pastor, pastor de jóvenes, pastor universitario y padre debería tener en abundancia.

DANIEL DARLING, director del *Land Center for Cultural Engagement* en el *Southwestern Seminary* y autor de muchos libros exitosos, incluyendo *The Dignity Revolution*, *A Way With Words* y *The Characters of Christmas*

He visto cómo ha cambiado la forma de tratar el tema de la pureza a lo largo de los años. No cabe duda de que la manera en que muchos de nosotros como cristianos hemos reaccionado al libertarismo sexual de nuestra cultura ha dejado a muchas personas avergonzadas y heridas. No obstante, como nos enseña Dean Inserra en este apasionante libro, el diseño de Dios para nuestra sexualidad es claro y bueno a la vez. Me siento agradecido por este llamado a la santidad y a la pureza que está lleno tanto de gracia como de bondad.

BOB LEPINE, coanfitrión durante muchos años de *FamilyLife Today*; autor de *Ama de verdad*; pastor de *Redeemer Community Church* de Little Rock

¿Es posible vivir una ética sexual saludable, bíblica y distintivamente cristiana en el mundo actual? ¿Y qué hacemos con todos los excesos de la «cultura de la pureza»? ¿Acaso es anticuada la misma idea de la pureza sexual? ¿O incluso perjudicial? En *Puro*, Dean Inserra trata de forma directa con los problemas del movimiento de la pureza y, a la vez, explica con claridad el diseño de Dios para el sexo. Como siempre, la obra de Dean es fácil de entender, humorística y basada en las Escrituras. Este libro es un excelente recurso para los adolescentes, los padres y todos los que trabajan con ellos.

JIMMY Y KRISTIN SCROGGINS, autores de *Full-Circle Parenting*

Cuando regresamos a mirar cualquier tendencia muy popular o cualquier fenómeno en nuestra cultura, o en nuestra iglesia, el beneficio del tiempo nos permite ver posibles vacíos y debilidades. Sin importar tu opinión acerca de las campañas de pureza sexual del pasado, Dean Inserra ha diseñado un libro muy útil que nos muestra todo el cuadro que explica por qué Dios creó el sexo y el contexto para el que lo diseñó. En resumen, no podemos dejar que posibles deficiencias en los esfuerzos del pasado nos lleven a otra cosa que no sea la visión escritural del amor, el matrimonio y el sexo que Dios nos dio en su Palabra.

KEVIN EZELL, presidente del *North American Mission Board,* SBC

El evangelicalismo contemporáneo está obsesionado con la justicia social y el amor al prójimo. Sin embargo, cuando se trata el tema que está literalmente destruyendo la vida de las personas dentro y fuera de la iglesia, la sexualidad, muy pocos están dispuestos a hablar la verdad. *Puro*, de Dean Inserra, sí lo hace. Muy pocos están dispuestos a ser tan claros, valientes y directos acerca de lo que la Biblia enseña sobre la sexualidad como Dean, y esto se debe a que Dean cree que la sexualidad bíblica es para nuestro bien, no para perjudicarnos ni para reprimir nuestros deseos. Si la iglesia quiere amar a su prójimo y buscar el bien de la sociedad, hay algunas otras formas prácticas de hacerlo, aparte de decir la verdad sobre el diseño de Dios para la sexualidad.

ANDREW T. WALKER, profesor asociado de ética cristiana en el Seminario Teológico Bautista del Sur; miembro del *The Ethics and Public Policy Center*

¡Dean Inserra lo logró otra vez! Nos da a los cristianos otro recurso para ayudarnos a abordar los temas cruciales que afrontamos en la actualidad. Esta vez trata la «cultura de la pureza» y nos muestra una mejor forma de pensar con respecto a todo lo que tiene que ver con el noviazgo, el matrimonio y el sexo. De esto se trata *Puro*. Con su rápido ingenio y aguda perspicacia teológica, Inserra llama a los creyentes a una norma más elevada y santa en cuanto a la forma en que pensamos sobre nuestra pureza y actuamos en nuestras relaciones personales. Escrito con el corazón de un pastor, Dean logra el equilibrio perfecto de señalar el pecado y comunicar duras verdades en un espíritu de gracia y amor. Este libro va a desafiar, animar y ayudar a muchas personas. Lo recomiendo en gran medida.

JARRETT STEPHENS, pastor sénior de la iglesia bautista *Champion Forest* y autor de *The Always God: He Hasn't Changed* y *You Are Not Forgotten*

Para esos de nosotros que crecimos en medio del movimiento de la cultura de la pureza y que ahora estamos viendo la arremetida en su contra, tanto en línea como en la vida real, *Puro*, de Dean Inserra, es un recurso útil. ¿Qué dice de veras la Biblia acerca del sexo? ¿Por qué los cristianos deben comprometerse con la pureza? ¿Cómo se ve en realidad una ética sexual bíblica en la cultura actual? Este libro responde esas preguntas y otras más. Tanto si estás casado como si eres soltero, cuestionándote las lecciones de la cultura de la pureza o ministrando a quienes lo están, este libro proporciona una mirada amable y sin disculpas a lo que la Biblia tiene que decir acerca del diseño de Dios para nosotros.

ELIZABETH HYNDMAN, líder de proyectos editoriales en *Lifeway Women*

En un mundo enloquecido y confundido por el sexo, y en una cultura eclesiástica que se avergüenza cada vez más y que está dispuesta a redefinir la clara ética sexual de la Biblia, no me imagino otro libro más importante que *Puro*, de Dean Inserra. Dean no evade ni un solo tema importante y los aborda todos, incluyendo el de «le dije adiós a las citas amorosas», «el verdadero amor espera», «no hay nada de malo con ser homosexual» y «la pornografía es la norma», con verdades bíblicas, compasión pastoral y oportuna relevancia. Y, como es usual, ¡el sentido del humor de Inserra hace que el libro sea fácil de leer! ¡Todo el mundo debe comprar este libro y leer su importante mensaje!

JONATHAN AKIN, vicepresidente de relaciones eclesiásticas y ministerios de campos en *Carson-Newman University*

Vivimos en una época profundamente confusa, en la que se rinde culto al hiperindividualismo y a su enfoque de la sexualidad basado en el «todo vale» y se valoriza la deconstrucción religiosa y su desconfianza de la autoridad. La profunda claridad de Dean Inserra atraviesa esa confusión al reenfocarse en el propósito de una ética sexual cristiana: ser fieles seguidores de Jesús. Con su manera característica, no huye de nada y confronta los falsos discursos tanto dentro como fuera de la iglesia estadounidense. «Cuando quebrantamos el diseño de Dios, debemos esperar el quebranto, no la bendición». El pastor Inserra nos llama a realinearnos, en cuerpo, alma y espíritu, con Aquel que diseñó nuestra sexualidad y que sana nuestro quebranto. Este llamado va más allá de corregir la «cultura de la pureza» o de sus subsiguientes inclinaciones, a fin de describir un discipulado que sea puro de manera holística y monolítica.

KATIE J. MCCOY, directora del ministerio de mujeres en el *Center for Church Health*

A diferencia de muchas cosas relacionadas con la cultura de la pureza, Inserra centra su crítica en la sabiduría bíblica en vez de hacerlo en la mundana, y luego ofrece consejos prácticos basados en la Biblia para tener un mejor enfoque con respecto a las citas amorosas, el matrimonio y el sexo. Más que solo una mirada a la locura de la pureza de los años noventa, esta comprensiva obra tiene el impacto complementario de llevarnos a reflexionar en las respuestas al pecado que están de moda hoy.

MEGAN BASHAM, *The Daily Wire*

POR QUÉ EL
PLAN BÍBLICO
PARA LA
SEXUALIDAD

NO ES
ANTICUADO,
IRRELEVANTE
NI OPRESIVO

¡PURO!

DEAN
INSERRA

Unilit
PUBLICAMOS PARA CAMBIAR VIDAS

Publicado por
Unilit
Medley, FL 33166

Primera edición: 2023

© 2022 por *Dean Inserra*
Título del original en inglés: *Pure*
Publicado por *Moody Publishers*
"*This book was first published in the United States by Moody Publishers, 820 N. LaSalle Blvd.,
Chicago, IL 60610 with the title Pure, copyright © 2022 by Dean Inserra. Translated by permission.
All rights reserved.*"

Traducción: *Rebeca Fernández*
Edición: *Nancy Pineda*
Diseño de cubierta: *Erik M. Pterson*
Maquetación: www.*produccioneditorial.com*

Parte del contenido de este libro se adaptó de materiales publicados con anterioridad en la página
web del autor, erlc.com, y en adflegal.org.

A menos que se indique lo contrario, el texto bíblico se tomó de la Santa Biblia, Nueva Versión
Internacional® NVI®
Propiedad literaria © 1999 por Bíblica, Inc.™
Usado con permiso. Reservados todos los derechos mundialmente.
Las citas bíblicas señaladas con DHH se tomaron de *Dios Habla Hoy*, tercera edición. © Sociedades
Bíblicas Unidas 1966, 1970, 1979, 1983, 1994. Dios habla hoy® es una marca registrada de
Sociedades Bíblicas Unidas y puede ser usada solo bajo licencia.
Texto bíblico: *Reina-Valera 1960* ® [RVR60] © Sociedades Bíblicas en América Latina, 1960.
Renovado © Sociedades Bíblicas Unidas, 1988.
Reina-Valera 1960 ® es una marca registrada de las Sociedades Bíblicas Unidas, y puede ser usada
solamente bajo licencia.
Las citas bíblicas señaladas con (LBLA) son tomadas de *La Biblia de las Américas*®. Copyright
© 1986, 1995, 1997 por The Lockman Foundation. Usadas con permiso. www.lbla.org.

Los nombres y detalles de algunas historias se modificaron, a fin de proteger la privacidad
de las personas.

Producto: 495973

ISBN: 0-7899-2668-7 / 978-0-7899-2668-5

Categoría: *Vida cristiana / Crecimiento espiritual / Discipulado*
Category: *Christian Living / Spiritual Growth / Discipleship*

Impreso en Colombia
Printed in Colombia

Contenido

PRIMERA SECCIÓN

La preparación del escenario

1

La cultura de la pureza y «El verdadero amor espera»

Si quieres empezar una revuelta entre muchos adultos jóvenes cristianos, menciona las palabras «cultura de la pureza». Es un «detonador» semejante a hablar sobre política con tu tío durante una cena por el Día de Acción de Gracias o gritar «¡Vivan los Yanquis!» en Fenway Park. Se armará un lío tremendo. El editor de *Coalición por el Evangelio*, Joe Carter, define la cultura de la pureza como «el término que a menudo se utiliza para referirse al movimiento evangélico que intenta promover un punto de vista bíblico con respecto a la pureza [...] desalentando las citas amorosas y promoviendo la virginidad antes del matrimonio, con frecuencia mediante el uso de recursos tales como una promesa de mantenerse puros, símbolos tales como los anillos de la pureza y eventos como los bailes de la pureza»[1].

Si bien un punto de vista bíblico con respecto a la pureza parece como algo que los cristianos deberían tener, partes del movimiento ministerial juvenil de los años noventa ahora se consideran extremistas y muchos piensan que han dañado a toda una generación. Aunque nunca asistí a un baile de la pureza (gracias mami y papi), estuve inmerso en el movimiento sin siquiera darme cuenta, solo por asistir y participar en actividades y ministerios de la juventud evangélica. Esos de nosotros que vinimos a la fe, o nos convertimos al cristianismo durante los años noventa, no teníamos idea de que un día nuestros contemporáneos mirarían con desprecio este fenómeno que enfatizaba la importancia de la abstinencia sexual hasta el matrimonio.

Algunos creen que un enfoque centrado en la abstinencia provocó una violenta reacción de adicción sexual reprimida. Después de un horrible incidente que tuvo lugar hace poco, un asesino dijo que la causa por la que había matado a muchas mujeres era su propia adicción al sexo, lo que un escritor comenta que es «una afirmación que muchos dentro del mundo evangélico reconocen como un fruto de la cultura de la pureza desviada»[2]. Otros se enfocan en la vergüenza que se produjo como resultado de mantener de forma inadecuada las expresiones externas de compromiso que enseñaba ese ministerio[3]. En un artículo del *New York Times*, Katelyn Beaty escribió que «la cultura de la pureza, como se la enseñaron a mi generación, hirió a muchas personas e impidió que conocieran al Dios amoroso y misericordioso que se encuentra en el corazón de la fe cristiana» y fue una «carga psicológica que muchos de mis contemporáneos y yo todavía estamos descargando»[4].

Sin embargo, el movimiento empezó con buenas intenciones, con la esperanza de proveer una alternativa a la revolución sexual y la campaña del «sexo seguro» que tenía lugar a lo largo de todo el país. Carter nos ayuda a situar el movimiento en el contexto de la época:

> El movimiento de la pureza sexual comenzó en los años noventa a medida que los cristianos que eran niños o

adolescentes durante el inicio de la revolución sexual de los años sesenta empezaron a tener hijos adolescentes. Durante los primeros años de la década de los noventa, el sida se había convertido en la primera causa de muerte[5] de los hombres de los Estados Unidos entre las edades de veinticinco y cuarenta y cuatro años, y la tasa de embarazo durante la adolescencia era más alta que nunca[6]. El número de las parejas sexuales antes del matrimonio también se había incrementado de manera sustancial desde los años setenta[7].

No es radical considerar esas estadísticas como causa de gran preocupación ni desear una alternativa al mensaje que circulaba en la sociedad con respecto al sexo. No obstante, muchos miran atrás al movimiento de la pureza y las reacciones van desde entornar los ojos hasta traumarse por completo. Para empezar a entender este fenómeno, hay que remontarse a 1993 y al compromiso de «El verdadero amor espera».

HACER LA PROMESA

En 1993, ser un adolescente cristiano fiel en la vida cristiana evangélica estadounidense significaba «hacer la promesa». Esto se hacía firmando con tu nombre debajo de la siguiente declaración en una tarjeta, lo que indicaba que estabas haciendo la promesa escrita en la tarjeta, una clase de juramento, a Dios, a ti mismo y a tu futuro cónyuge (que en la tarjeta se le denominaba tu futura pareja).

«Creyendo que "El verdadero amor espera", hago un compromiso con Dios, conmigo mismo, mi familia, mis amigos, mi futura pareja y mis futuros hijos a una vida de pureza incluyendo la abstinencia sexual desde este día hasta el día en que inicie una relación de matrimonio basada en la Biblia»[8].

Firmar la tarjeta de «El verdadero amor espera» era un hecho que solo lo superaba caminar por el pasillo durante el servicio en una iglesia (la forma en la que muchos entregan su vida a Jesucristo en la cultura evangélica). La tarjeta no era algo que los líderes de jóvenes pasaban y recogían al azar, como cuando se recoge una ofrenda o se distribuye información sobre el próximo viaje misionero. Esta fue una iniciativa nacional con todos los bombos y platillos. Era algo parecido a las cruzadas evangelísticas de Billy Graham, pero en vez de entregarle tu vida a Jesús y nacer de nuevo, te comprometías con la tarjeta y su contenido. En vez de caminar por el pasillo al ritmo de un himno como «Tal como soy», caminabas por el pasillo hacia un futuro cónyuge hipotético que no conocías, pero con el que te comprometías a los catorce años de edad; una promesa de mantenerte virgen para él o ella. En 1994, «El verdadero amor espera» tuvo una celebración en Washington D.C. en la que veinticinco mil jóvenes llevaron más de doscientas mil tarjetas de promesas de estudiantes de todo el país, más del doble de lo que la convención Bautista del Sur había esperado ver[10]. Permanecer virgen hasta el matrimonio era la meta y la promesa, y familias enteras viajaron a Washington D.C. para declarar su compromiso.

No es de extrañar que la cultura de la pureza y el movimiento «El verdadero amor espera» no «resolvieran» los problemas de inmoralidad sexual entre los jóvenes dentro ni fuera de la iglesia. Sin embargo, dado el hecho de que innumerables personas han contado durante los últimos años sus historias acerca de cómo la cultura de la pureza tuvo efectos adversos en ellos, o dio lugar al abuso sexual que sufrieron, debemos analizar en qué se equivocó. Pienso que el movimiento trataba de arreglar el problema equivocado con la solución equivocada. Permíteme explicarme.

El diseño de Dios para el sexo y la sexualidad es bueno. La Biblia nos narra la historia de Adán y Eva, y enfatiza que eran uno: «El hombre deja a su padre y a su madre para unirse a su esposa, y los dos llegan a ser como una sola persona. Tanto el hombre como su mujer estaban desnudos, pero ninguno de los dos sentía vergüenza de estar así» (Génesis 2:24-25, DHH).

Esto de ser una sola persona es más que la relación sexual, pero de seguro que no es menos. En el Nuevo Testamento, tanto Jesús (en Mateo 19) como Pablo (en Efesios 5) hacen referencia a esta unión de Adán y Eva como el diseño de Dios para el sexo y el matrimonio, destacándola como el contexto histórico y adecuado de Dios para que existiera y floreciera el sexo. Aquí tenemos a un hombre y a una mujer, creados uno para el otro, unidos como una sola persona, y están desnudos sin sentir vergüenza. ¿Cómo es posible que un movimiento cristiano que pretendía promover el buen diseño de Dios pudiera producir tantos pensamientos y sentimientos negativos en toda una generación de cristianos?

Tan solo tenemos que ir al siguiente capítulo de Génesis para ver cómo cambian las cosas. De repente, esta primera pareja, la corona de la creación buena de Dios, se ve inmersa en el dolor y la vergüenza.

- Génesis 2:25: «Tanto el hombre como su mujer estaban desnudos, pero ninguno de los dos sentía vergüenza de estar así» (DHH).
- Génesis 3:7: «En ese momento se les abrieron los ojos, y tomaron conciencia de su desnudez. Por eso, para cubrirse entretejieron hojas de higuera».

En Génesis 2:25, la desnudez no acarreaba vergüenza. Sin embargo, ni siquiera tengo que voltear la página de mi Biblia para ver con exactitud a las mismas personas, Adán y Eva, que ahora se daban cuenta de que estaban desnudos. De repente, pusieron en marcha sus máquinas de coser para cubrirse el uno del otro. ¿Qué sucedió que hizo que cambiaran de no tener vergüenza a correr como locos en busca de ropa?

El pecado.

El Catecismo de la Nueva Ciudad define el pecado como «rechazar o ignorar a Dios en el mundo que Él creó, rebelándonos contra Él al vivir sin referencia a Él, sin ser ni hacer lo que requiere su ley, resultando en nuestra muerte y en la desintegración de toda la creación»[11].

La Biblia es clara con respecto a que «la paga del pecado es muerte» (Romanos 6:23, RVR60) y de seguro que esto incluye la muerte física. El pecado de Adán y Eva los condujo a su expulsión del jardín del Edén y a la certeza de que un día iban a morir como personas que violaron el mandamiento del único, santo y verdadero Dios. Sin embargo, esta muerte también quebranta, distorsiona y envenena a las personas y a las cosas que Dios creó. Cuando rechazamos los buenos mandamientos de Dios, escogiendo en vez de eso lo que deseamos, entramos en un mundo que no es como debería ser, y vemos la declinación de la sociedad y de la creación en su totalidad. El sufrimiento es la nueva realidad de este mundo y de las personas a las que se les ha prohibido entrar en el jardín del Edén.

El pastor Paul Carter afirma que «sería difícil exagerar la importancia y el impacto del pecado humano, desde el punto de vista cósmico, corporativo y personal. El efecto del pecado no solo es un problema para el planeta o para las especies; nos afecta de manera profunda a nosotros como seres humanos»[12]. Sí, el pecado lo afecta todo. Lo que me impacta de la historia de Génesis es que lo primero que vemos que se afecta es la forma de pensar de Adán y Eva sobre el hecho de estar desnudos. La secuencia de los eventos es sorprendente: «La mujer vio que el fruto del árbol era bueno para comer, y que tenía buen aspecto y era deseable para adquirir sabiduría, así que tomó de su fruto y comió. Luego le dio a su esposo, y también él comió. En ese momento se les abrieron los ojos, y tomaron conciencia de su desnudez. Por eso, para cubrirse entretejieron hojas de higuera» (Génesis 3:6-7). Justo después de comer la fruta, los ojos de Adán y Eva se abrieron para ver su desnudez y sintieron vergüenza. El pecado trajo el quebrantamiento al mundo que Dios creó, y el primer cambio aparente fue en el aspecto sexual de sus cuerpos. Incluso el hecho de estar desnudo frente a tu propio cónyuge ya no parecía normal en este mundo caído.

Desde aquel cambio tan rápido, pero a la vez enorme, el pecado y sus efectos se han apoderado del mundo, y afectan cada aspecto de la vida. El pecado sexual es un gran ejemplo de las consecuencias catastróficas de la caída. ¿Quién habría pensado que comer de un árbol prohibido nos lanzaría a un mundo de adulterio, pornografía, abuso sexual, aborto, padres ausentes, homosexualidad, encuentros sexuales casuales, cohabitación y a mucha vergüenza? No obstante, Dios es soberano sobre el quebranto y les advierte a las personas que no se alejen de su diseño. Como cualquier buen padre, es específico acerca del peligro y les manda a los cristianos a que huyan tanto de la tentación como de la acción (1 Corintios 6:18).

Entonces, apareció el movimiento «El verdadero amor espera», que se enfocaba en «salvarte a ti mismo». La primera razón para entrar era bastante sencilla: tu futuro cónyuge lo merece. No estoy siendo injusto ni simplista; ese era el mensaje. El futuro cónyuge de uno lo idealizaban como la motivación más importante. Este enfoque no solo no reconoce el único remedio para el pecado (el perdón en la sangre de Cristo que nos limpia por completo para caminar en novedad de vida), sino que exalta lo creado en lugar del Creador, que es la definición de idolatría que se ve en toda la Escritura. Lo que recibiste fue el diseño de Dios sin la gloria ni la gracia de Dios.

¿PERDONADO? ¿O CIUDADANO DE SEGUNDA CLASE?

Recuerdo cuando escuchaba hablar acerca de la «virginidad secundaria» durante el movimiento. Esto era para las personas que ya habían perdido su virginidad antes de firmar la tarjeta de compromiso. Era una clase de segunda oportunidad. Sin embargo, es probable que tu futuro cónyuge se sintiera bastante decepcionado o engañado por tu falta de compromiso con tu primer matrimonio. Katelyn Beaty escribe: «Una parte del folclore de los grupos de jóvenes era un "juego" en el que pasaban un vaso por todo el círculo de personas. Durante cada ronda, alguien escupía en el vaso, hasta que la última persona recibía un vaso lleno de saliva. "¿Querría alguien tomarse esto?", decía el pastor de jóvenes. "No. Y así es cómo te verán otros si te acuestas con diferentes personas"»[13]. Nunca vi ni escuché nada acerca de esta actividad, pero el principio que se ejemplifica en esa historia era el que, sin duda alguna, se enseñaba. Necesitabas guardarte para el matrimonio porque no querías ser esa persona que no llegara virgen a su matrimonio.

La música cristiana contemporánea se involucró en el movimiento cuando Rebecca St. James, popular cantante de los noventa, lanzó la canción *Wait for me* [Espérame] hacia el final del auge del movimiento «El verdadero amor espera» en el 2001. Cinco años después de escribir y lanzar la canción, la cantante reflexionó: «Es un hecho muy conocido que a los chicos les gustaría casarse con una virgen. Creo que toda la idea de que es una chica la que está cantando la canción y está esperando en realidad los impacta también y los ayuda a esforzarse por ser hombres de honor»[14]. No tengo la menor duda de que St. James era sincera con respecto a su deseo de que la canción animara a una generación de cristianos que trataban de caminar en pureza sexual. Estoy seguro de que tuvo un impacto positivo en muchos a través de su música, pero incluso la letra de la canción está en sintonía con el enfoque de «El verdadero amor espera». El énfasis está en el futuro cónyuge desconocido, no en honrar a Dios, en rendirse a Él y en caminar en el poder del Espíritu Santo para la vida que sea que Dios ordenara para ti.

Recuerdo a una amiga de la universidad que rompió con su novio (que era un genuino seguidor de Cristo), pues le preguntó si era virgen y él le dijo que tuvo relaciones sexuales con su novia del instituto después de su fiesta de graduación. Le respondió su pregunta con sinceridad y ella terminó con él. La razón era que había esperado y no quería casarse con alguien que no lo hubiera hecho. Esa fue la generación que creció en medio del movimiento «El verdadero amor espera». No importaba que Dios hubiera perdonado a este joven; su fracaso lo hizo inelegible en la mente de esa joven, como si nunca pudiera ser tan puro como ella. La distinción de honor en esta cultura era la tarjeta, simbolizada por un anillo de pureza en el dedo, que un día le darías a tu futuro cónyuge, una clase de línea de llegada y ceremonia de trofeos disfrazada como una luna de miel para quienes cumplían la promesa.

La cultura de la pureza de mi época de juventud inició una clase de evangelio de la prosperidad que usaba un disfraz de piedad. *Si permanezco virgen hasta el matrimonio, Dios me va a dar un futuro cónyuge que haya hecho lo mismo. Es más, no me merece si no hizo lo que hice yo.* Las consecuencias de esta forma de pensar contraria por completo al evangelio es una estela de sufrimiento. No hay suficientes hojas de higuera para cubrir el daño. Imagínate ser un adolescente cristiano que sucumbiera al pecado sexual en esta cultura, aunque fuera una sola vez. Si cometiste el error irreparable de tener relaciones sexuales, te convertiste en mercancía dañada; entonces, ¿por qué renunciar ahora? Lo hecho, hecho está, ¿cierto? Por lo tanto, en la siguiente relación, podrías pensar: «Supongo que tendremos relaciones sexuales, porque ya perdí mi virginidad, así que, ¿para qué abstenerme ahora?». La clasificación de «virgen secundaria» no pareció gustar a la mayoría, así que lo mismo daba salirse de la carrera por completo.

En los eventos de «El verdadero amor espera», los testimonios eran siempre, sin fallar una sola vez, de estudiantes universitarios o adultos jóvenes (casi siempre mujeres) que habían tenido relaciones sexuales fuera del matrimonio y ahora estaban tratando de hacer mejor las cosas como vírgenes secundarias. La esperanza era que, ya que Dios las había perdonado, tal vez un futuro cónyuge lo haría también. En vez de enfatizar el poder completo y suficiente de la muerte redentora de Cristo en nuestro lugar, esas pobres personas casi siempre se trataban a sí mismas como escarmientos para una generación más joven, instando a las demás personas a que no hicieran lo mismo. La invitación que seguía después del testimonio era la firma de la tarjeta. Al imaginarme sentado en las gradas de un gimnasio y escuchando ese mensaje, recuerdo que mi conclusión era siempre: «Dios, espero que mi futura esposa no meta la pata como ella, en especial si voy a tratar de hacer todo esto de la promesa. Y tengo que firmar la tarjeta, ¡pues no voy a ser la persona en esta sala a la que todo el mundo mire con malos ojos si no lo hago!».

La cultura de la pureza entró en un mundo de quebrantamiento sexual y proveyó la solución de seguir las reglas y practicar la abstinencia para que no te convirtieras en un perdedor en tu luna de miel. ¿Era esto lo que Dios tenía en mente cuando creó a la humanidad? Por supuesto que no.

Lo que empezó como un esfuerzo valioso y bueno, sin querer produjo fariseos de un lado de la tarjeta de «El verdadero amor espera» y personas desesperadas buscando hojas de higuera del otro. «En vez de enfatizar el regalo del sexo dentro del matrimonio, la cultura de la pureza solía enfatizar la vergüenza de tener sexo fuera de él»[15]. Es fácil ser el mariscal de campo y el crítico el lunes por la mañana, pero el libro de jugadas era el mayor problema. La virginidad no proporciona una superioridad moral, ni el pecado sexual del pasado condena a alguien a encontrar a un cónyuge de menor calidad. No nos abstenemos del sexo fuera del matrimonio porque alguien con el que nos casaremos algún día «lo merece». Reservamos el sexo para el matrimonio porque Dios tiene un diseño. Cuando nos alejamos de ese diseño, lo que encontramos es más quebrantamiento. Este quebrantamiento entra de manera sigilosa en muchas de nuestras relaciones con otras personas. Sin embargo, lo más importante es que afecta nuestra relación con Dios.

Algo que no debemos pasar por alto en la historia del jardín del Edén es que las ropas que Adán y Eva hicieron para cubrirse las proveyó Dios mismo (Génesis 3:21). Dios es el sanador de nuestra vergüenza, y la historia después del pecado fatal en el jardín es una de recuperación y búsqueda del diseño de Dios en la vida de su pueblo y en su mundo.

Dios no solo hizo vestidos nuevos para Adán y Eva; hizo una promesa. Esas ropas solo durarían un tiempo determinado, y Adán y Eva no solo necesitaban cubrir su culpa y su vergüenza; necesitaban que se eliminara. Las consecuencias serían muy grandes.

> Pondré enemistad entre tú y la mujer,
> y entre tu simiente y la de ella;
> su simiente te aplastará la cabeza,
> pero tú le morderás el talón. (Génesis 3:15)

> Y [el Señor Dios] dijo: «El ser humano ha llegado a ser como uno de nosotros, pues tiene conocimiento del bien y del mal. No vaya a ser que extienda su mano y también tome del fruto del árbol de la vida, y lo coma y viva para siempre». Entonces Dios el Señor expulsó al ser humano del jardín del Edén, para que trabajara la tierra de la cual había sido hecho. Luego de expulsarlo, puso al oriente del jardín del Edén a los querubines, y una espada ardiente que se movía por todos lados, para custodiar el camino que lleva al árbol de la vida. (Génesis 3:22-24)

Hubo destierro y consecuencias, pero también hubo esperanza. De la descendencia de esta pareja vendría un día un Salvador que le heriría la cabeza a la serpiente siendo Él mismo herido. Jesucristo, nacido de una mujer, entraría al quebrantamiento de la humanidad, pero nunca pecaría. Llevaría sobre sí mismo las consecuencias del pecado y traería una restauración futura de todas las cosas quebrantadas al morir en una cruz, levantarse de la tumba, ascender al cielo y regresar para establecer un reino permanente donde no existe la oscuridad. Mientras tanto, Dios todavía tiene un diseño y una ética para su pueblo: vivir como luces que brillan en un mundo quebrantado.

¿Y AHORA QUÉ?

Temo que estamos experimentando una corrección exagerada a los fracasos y las fallas de la cultura de la pureza. Equivocaciones de seres humanos falibles no borran ni alteran el diseño infalible del Creador santo y perfecto. Siempre he pensado que el dicho «no tires al bebé junto con el agua de la bañera» parecía raro, pero es la expresión apropiada para describir lo que está pasando entre ciertos cristianos con respecto a la ética sexual. No solo estamos corrigiendo las fallas de la cultura de la pureza y siguiendo un camino diferente de verdad y gracia. No, personas que profesan ser cristianas viven con su novio o novia, apoyan el matrimonio entre personas del mismo sexo, se burlan de cualquier llamado a la modestia y están de acuerdo con la revolución sexual reciente que plantea que el diseño de Dios que se encuentra en la Biblia está pasado de moda o, incluso, es opresivo. La iglesia enfrenta el desafío de que, si queremos ser fieles no solo en declarar todo el consejo de Dios, sino también en caminar como discípulos fieles, tiene que mostrarle a un mundo perdido y quebrantado un diseño que es para la gloria de Dios y para su bien.

Tenemos que encontrar cómo presentar la ética sexual no solo ante un mundo en contra de la cultura de la pureza, sino también entre los cristianos que están en contra de la cultura de la pureza. Alzar la bandera blanca y rendirnos con respecto a algo tan claro y precioso en las Escrituras como es el diseño de Dios para el sexo y el matrimonio no puede ser la respuesta para corregir la cultura de la pureza. La respuesta es recuperarse y buscar el diseño de Dios mientras Él continúa restaurando a un pueblo quebrantado para sí mismo, y creer que eso es mucho mejor que lo que puede ofrecer cualquier tarjeta de promesa o cualquier cónyuge merecedor.

Dios tiene un diseño y una ética. No los encontramos en la cultura de la pureza, sino en su Palabra.

2

La cultura de la pureza y «Le dije adiós a las citas amorosas»

Sé que la prohibición de libros es algo malo, pero cuando era adolescente, habría estado muy de acuerdo con esa práctica. Déjame explicarte. En mi instituto público, solo había unas pocas chicas cristianas. Me sabía los nombres de todas. Ya sabes, para estar cerca de personas que pensaran como yo. Está bien, en especial porque quería una novia. Una mañana en la escuela, le pregunté a una de estas chicas si quería salir a almorzar conmigo. Era una cita informal en la que sales con alguien a un lugar casual, como donde venden hamburguesas. Me dijo que estaba bien, y que saldría conmigo, pero con una condición. Tenía que saber que no iba a tener citas amorosas hasta que no fuera a casarse. A continuación me explicó que su grupo pequeño en la iglesia había leído un libro titulado *Le dije adiós a las citas amorosas*[1], y todos se habían comprometido a no salir más en citas amorosas con nadie. En ese momento, yo estaba listo para buscar un ejemplar de ese libro y patearlo por todo el estacionamiento de la escuela.

Si la cultura de la pureza tenía un texto sagrado, era *Le dije adiós a las citas amorosas*. Su autor, Joshua Harris, que entonces tenía veintiún años, promovía lo que llamaba «cortejo» como una alternativa a las citas amorosas. Después de un cuarto de siglo de haberse escrito, todavía no sé con exactitud lo que significa cortejo, pero tal parece que Harris lo explicó tan bien que vendió más de un millón de ejemplares. Todas, y me refiero a todas, las adolescentes de una familia evangélica de la época de la cultura de la pureza leyeron el libro. Puedo hablar en nombre de muchos de los varones adolescentes cristianos de finales de los años noventa cuando digo que el solo hecho de escuchar el título de ese libro todavía me hace entornar los ojos. Les dio a las chicas una salida fácil ante los inmaduros chicos adolescentes, pero se les fue la mano, y yo quería que lo prohibieran.

Le dije adiós a las citas amorosas ha hecho un viaje interesante desde que salió a la luz. Actualmente Harris se opone al mensaje del libro y ya no se identifica como cristiano. Con el tiempo llegó a criticar su propio libro en un documental llamado: «I Survived I Kissed Dating Goodbye» [Sobreviví a Le dije adiós a las citas amorosas]»[2]. Yo también Josh, yo también. Harris se ha disculpado por su libro y ha confesado su remordimiento por aquellas personas a las que afectó negativamente. No puedo decir que yo sea una de esas personas; solo era un chico que estaba molesto porque las chicas cristianas de mi escuela habían hecho el pacto de «simplemente decir no» a las citas amorosas. ¡No fue traumático, simplemente molesto! Sin embargo, ¿qué llevaría a alguien a decir que el libro le causó dolor real? La respuesta fácil es que gran parte del evangelicalismo popular se mueve por la moda. Cuando este libro entró en escena, la ola cubrió a toda una generación. Sin embargo, hay mucho más sobre el fenómeno *Le dije adiós a las citas amorosas* que su popularidad. El primer párrafo del libro de Harris describe el escenario:

Finalmente había llegado, era el día de la boda de Ana. Este era el día con que tanto había soñado he invertido meses en planificarlo. La diminuta y pintoresca iglesia estaba llena de amigos y familiares [...].

Pero cuando el ministro les pidió a Ana y a David que se expresaran mutuamente los votos de compromiso matrimonial, algo inesperado ocurrió. Una hermosa joven en medio de la congregación, caminó hacia el altar y tomó la otra mano de David, otra joven se acercó y se paró al lado de la primera, seguida por otra joven más. Pronto había seis bellas jóvenes de pie al lado de David, mientras este le expresaba sus votos a Ana.

—¿Qué chiste es este?—le susurró Ana a David.

—Lo... lo siento mucho, Ana —dijo él sin levantar la vista.

—David, ¿quiénes son estas chicas? ¿Qué está sucediendo? —dijo ella con voz entrecortada.

—Son chicas de mi pasado —respondió él con tristeza—. Ana... ellas no significan nada para mí... pero la realidad es que a cada una le he entregado parte de mi corazón[3].

Lo que vemos aquí es la inminente amenaza de los pecados del pasado de la persona, que literalmente se presentan como invitados inoportunos y entremetidos que arruinan el día de la boda y traumatizan a una joven. En esta escena, el triunfo del evangelio parecería fuera de lugar, pero dicha escena refleja la advertencia de la mayor parte de la cultura de la pureza, incluyendo «El verdadero amor espera», con su sublime meta de no tener remordimientos el día de tu boda. Aunque Harris sí escribe un capítulo muy útil y lleno del evangelio acerca del perdón de Cristo en otra parte del libro, la premisa no oficial permanece:

> ¿Por qué las citas amorosas son complicadas para los cristianos? La Biblia no habla de eso.

«No eches a perder tu luna de miel». Sin embargo, no es necesariamente saludable dar por sentado que una luna de miel está siempre en el radar de una persona de dieciséis años. Lo que debe estar con regularidad en la mente de un cristiano es Dios y su Palabra. Esa debe ser la única motivación para luchar contra el pecado. Caminar con Dios no es un hipotético sueño futuro (a diferencia de una luna de miel, lo cual no es una garantía para nadie). La presencia de Dios a través de su Palabra está disponible para nosotros ahora, a nuestra disposición, siempre delante de nosotros.

Las citas amorosas es algo que la cultura de la pureza nunca ha logrado entender. Es más, el cristianismo estadounidense en general tampoco logra entenderlo. ¿Por qué las citas amorosas son complicadas para los cristianos? La Biblia no habla de eso. La Biblia habla sobre ética sexual, y sobre el matrimonio y el compromiso, pero no hay una categoría prescriptiva en las Escrituras para tener citas amorosas ni para tener un novio o una novia. Eso no hace que las citas amorosas sean malas, solo un poco confusas. Debido a que no tenemos un ejemplo claro de una cita amorosa en las Escrituras, esta categoría ha sido, y tiene que ser, inventada. No obstante, tiene que ser dentro de las cosas no negociables que sí encontramos en las Escrituras. Harris, un chico de veintiún años, esencialmente escribió las reglas para las citas amorosas de los evangélicos de esa época. Sin embargo, esas reglas no duraron, ni siquiera para él mismo. Con el tiempo conoció a alguien y se casaron. Y puedes llamarlo cortejo, pero lo cierto es que se trata de una cita amorosa.

En la cultura occidental actual, el camino al matrimonio casi siempre comienza con una relación pseudocomprometida que progresa a través de las citas amorosas. Casi siempre empieza con dos personas que salen en una o dos citas informales para conocerse mutuamente. Luego se suele pasar a las citas exclusivas. Para muchos cristianos, este es el sistema no oficial para encontrar a la persona con la que te vas a casar. Tenemos que encontrar cómo hacernos camino con fidelidad, como «extranjeros y peregrinos» (1 Pedro 2:11), en un proceso que creó este mundo. Sí, creo que Harris trataba de ayudar a los cristianos a hacer eso con exactitud, pero su enfoque estaba lleno de fallas y, en última instancia, no dio resultado.

No obstante, oculto en el mensaje del libro hay algo que vale la pena recuperar. Si hay un ámbito de la vida en el que no hay suficiente distinción entre cristianos y no cristianos, es de seguro la categoría que llamamos «citas amorosas». Me refiero a las relaciones serias y exclusivas en las que los individuos, por lo general, se involucran con varias personas diferentes antes de casarse. Antes de la revolución sexual, un hombre buscaba a una mujer con el propósito de casarse. En la actualidad, los hombres buscan a las mujeres con el objetivo de entrar en una relación de citas amorosas. Eso no es necesariamente algo malo. Solo hace las cosas bastante complicadas para el cristiano o la cristiana que trata de vivir su vida en santidad, pues la categoría de las citas amorosas es algo que nosotros inventamos. La Biblia ni siquiera la reconoce. Los estados de las relaciones en la Biblia prácticamente solo se presentan como solteros o casados. Sin duda, las viudas se mencionan y se les da un gran lugar de cuidado en las Escrituras, pero ser viuda no es con exactitud una categoría de relación única (las personas viudas, como las otras personas solteras, son libres para casarse o permanecer solteras). También vemos que se menciona una pareja prometida en matrimonio, el famoso caso de María y José en los Evangelios, un estado que no se parece mucho a nuestro entendimiento de lo que es un compromiso. Aun así, los «novios» y las «novias», y estar «comprometido» con alguien que no es tu cónyuge, es ajeno al diseño de Dios.

Pablo escribió que, cuando estamos en pecado sexual, nos vemos como personas «que no conocen a Dios» (1 Tesalonicenses 4:5). Las citas amorosas complican esto, debido a que crean oportunidades cada vez más regulares y tentadoras para actuar como personas que no conocen a Dios. Entonces, ¿qué debemos hacer? Harris, de acuerdo a la era de la cultura de la pureza, instaría a los cristianos a abandonar por completo la práctica. Mi enfoque es diferente. Creo que las citas amorosas pueden convertirse en una parte saludable de la vida cristiana. Como cristianos, sin embargo, nuestras citas amorosas tienen que ser diferentes a las del mundo y debemos llevarlas a cabo de una manera que honre a Dios. Yo lo llamo «citas amorosas sin arrepentimientos».

Regresemos a la ilustración que utiliza Harris al inicio de su libro sobre el día de la boda y la disculpa que David le ofrece a Ana. «Son chicas de mi pasado [...]. Ana... ellas no significan nada para mí... pero la realidad es que a cada una le he entregado parte de mi corazón». En realidad, ¿todo eso tiene que pasar cuando sales en una cita amorosa? En otro capítulo, presento a partir de las Escrituras, cómo es evidente que el sexo le entrega una parte de ti a la otra persona, ya que para eso se diseñó. No obstante, ¿las relaciones de pareja tienen que ser tan intensas, en especial si el sexo no está presente? Para ser justos, Harris utiliza un ejemplo hipotético exagerado, pero es la premisa inicial del libro. La respuesta que sugiere es decirle adiós a las citas amorosas e implementar el «cortejo». Entiendo que el cortejo es que una pareja entra en una relación con intenciones claras y expectativas de casarse. Supongo que eran «solo amigos» y luego decidieron seguir avanzando, pero aun así, están en una relación que es exclusiva, aunque no es el matrimonio (por lo tanto, tienen los mismos defectos que las citas, pero con más presión aún). Este enfoque hace que las citas amorosas sean mucho más intensas de lo que tienen que ser, y podría hacer que las personas entregaran sus corazones de una manera mucho más profunda que en una relación que no fuera de cortejo. No obstante, soy una persona realista, y creo que el enfoque del cortejo es un sueño dorado que parece muy bueno en papel, pero que no es una realidad para la mayoría de las personas cristianas solteras.

Debido a que no tenemos una guía bíblica para nuestra creación cultural de las citas amorosas, creo que las «citas amorosas sin arrepentimientos» es el mejor enfoque. Las citas amorosas son una parte fundamental de nuestra cultura y un requisito de la era moderna para el compromiso, así que tenemos que aprender cómo manejarlas como cristianos. La respuesta no es «le dije adiós a las citas amorosas» o tratar de reformar un componente esencial de nuestra sociedad, sino más bien aceptar el hecho de que seguir a Jesús va a interferir con nuestras vidas, incluso con nuestras citas amorosas, y que esto debe hacer que tratemos las relaciones de una forma diferente. Repito una vez más, como Pablo les dijo a los tesalonicenses, no debemos actuar como las personas que no conocen a Dios. Las «citas amorosas sin arrepentimientos» se pueden resumir en cuatro pautas principales.

1. DEJA DE ACTUAR COMO SI ESTUVIERAS CASADO O CASADA CUANDO NO LO ESTÁS.

Tendemos a tratar las relaciones de noviazgo exclusivas como si fueran casi matrimonios, dándoles una medida de seguridad que Dios nunca pretendió (y que no existe en realidad). Para el cristiano, si la única cosa que cambia cuando te casas es que empiezas a tener sexo, algo anda mal. Cuando leemos pasajes sobre este tema en la Escritura, desde Génesis hasta Jesús y Pablo, leemos que «el hombre dejará padre y madre, y se unirá a su mujer, y los dos serán una sola carne [...] Así que no son ya más dos, sino una sola carne» (Mateo 19:5-6, rvr60). ¿Debemos entregarnos de manera emocional y romántica a alguien que no es nuestro cónyuge? Si somos sinceros, creo que Harris tenía razón en este aspecto. Entregar tu corazón cuatro o cinco veces antes de que siquiera cumplas veintisiete años no es adecuado. Cuando una pareja que entra en un noviazgo actúa como una oferta de todo incluido, cuando se entregan regalos el uno al otro en ocasiones festivas, publican lo que sería equivalente a fotos

de compromiso en las redes sociales y celebran los aniversa-
rios de la conversación que «definió su relación», reflejan la idea
del mundo de las relaciones comprometidas de manera informal, y declaran un aparente matrimonio que Dios no reconoce. En general, el mundo casi siempre incluye en esta clase de
unión delimitada el sexo, la cohabitación, entre otros, pero esto
podría suceder también, y lo cierto es que sucede, dentro de la
iglesia, incluso entre parejas que se abstienen de las relaciones
sexuales antes del matrimonio.

Tiene que existir una mejor forma de tener un noviazgo
que actuar como una pareja casada menos el sexo. En especial,
porque vemos que muchos cristianos entran en esta clase de
relaciones con muchas personas diferentes. Abrazarse y besarse
con alguien cada noche y decirle «Te amo» no es lo que encontramos en las Escrituras para quienes no están casados. Esa no
es de veras una relación de hermano y hermana en Cristo. No
entiendo cómo los cristianos pueden estar de acuerdo con la
idea de que esos casi matrimonios deben tener lugar con varias
personas durante la vida. Existe una forma de tener un noviazgo
sin llegar a ser tan intensos. Y esa intensidad puede existir aun
si no está presente la tensión sexual; piensa en el dulce novio o
novia cristianos que vienen con el paquete de todo incluido. Si
invitas a uno de los dos a tu casa a cenar, los tienes que invitar
a ambos; aprenden el «lenguaje del amor»[4] de cada uno, viajan
y «celebran» juntos todas las festividades. Ya no se reúnen mucho con sus amigos, y si lo hacen, la otra persona está presente.
Si esa relación termina, habrá arrepentimientos. Tanto tiempo
entregado, tantos cambios en la vida y tantas emociones inverti-
das. También es esencial entender que el novio no es el líder en
la relación. Ese es un deber reservado para los esposos. Un novio
no debe tener encima de sí la presión de ser el «líder espiritual»
en una relación de noviazgo, ni la chica debe sentir obligación
alguna de estar bajo su liderazgo. En vez de eso, la práctica debe
ser la de dos individuos que se tratan el uno al otro como

hermanos en Cristo, pues esta es la categoría en la que los colocan las Escrituras como hombres y mujeres solteros. Así que, para resumir, ve un poco más lento y relájate.

2. DEN A CONOCER SUS INTENCIONES PARA EL NOVIAZGO.

Articular tus intenciones no es lo mismo que cortejar; es ser considerado con la otra persona. Para los chicos desesperados, no hagan morir de miedo a la chica hablando de matrimonio durante su primera conversación. No obstante, deben ser claros e intencionales. Así es como se ve:

- Intencional: «Me gustaría invitarte a una cita. ¿Estás libre el próximo fin de semana?».
- No intencional: «¿Te gustaría pasar el rato alguna vez?». (Puntos extra como perdedor si tomas este camino y después tratas de besarla al final de la noche).

La claridad intencional les permite al hombre y a la mujer saber lo que ocurre o no. Si piensas que es una cita amorosa, y la otra persona piensa que solo salen como amigos, estás creando una situación incómoda desde el principio. Si las intenciones son claras, y la primera cita sale bien (lo que conduce a un par de citas más), pueden empezar a hacer preguntas básicas que proveerán respuestas útiles. Si el chico o la chica con quien estás saliendo dice: «No quiero comprometerme hasta después de terminar mi maestría» y tú no tienes planificado esperar tanto tiempo por lo que podría o no podría suceder con la relación, puedes decir «no gracias», y nadie se enoja ni se aprovecha porque se dieron a conocer las intenciones. Una conversación incómoda sobre las intenciones al principio es mucho mejor que un sufrimiento más tarde.

3. EL JUEGO PREVIO NO FORMA PARTE DEL JUEGO.

Existe un propósito y solo uno para lo que se conoce como «juego previo». Ni siquiera pienso que alguien lo llama así ya, pero voy a usar ese término, pues parece el más apropiado. Su propósito es prepararte y guiarte a la relación sexual. No se diseñó para detenerse antes del clímax. De seguro que el juego previo entre dos personas que no están casadas es lo que las Escrituras llaman «inmoralidad sexual». Tienen que poner los estándares en su lugar; mi mejor consejo es que cuando la cita se termina, se termina. Chicos, acompáñenla hasta la puerta, déjenla allí y márchense a su casa. Si hay otras personas allí, por supuesto, entren. Si no es así, ¡conócete a ti mismo y dónde te sientes tentado y sé sabio! ¡Jesús dijo: «Si tu mano derecha te hace pecar, córtatela y arrójala. Más te vale perder una sola parte de tu cuerpo, y no que todo él vaya al infierno» (Mateo 5:30)! Mejor hacer algo que no sea tan sacrificado como, por ejemplo, terminar la noche temprano antes que pecar.

Los cristianos tienen que ponerse serios con respecto al pecado sexual. Las relaciones sexuales, el juego previo, la desnudez, entre otros, no son para las personas que salen en citas amorosas, que están enamoradas ni para las personas maduras, sino para las personas casadas. Uno no tiene que decirle adiós a las citas amorosas para entender esto. En la idea del mundo acerca de las citas amorosas, el sexo es algo esperado. Sacar de inmediato eso del juego en una relación de noviazgo prepara al hombre y a la mujer para que no tengan arrepentimientos si con el tiempo deciden terminar la relación, pues primero se trataron el uno al otro como hermano y hermana en Cristo.

4. DATE CUENTA DE QUE NO ESTÁS DE VERAS COMPROMETIDO.

Hay dos cosas que pueden pasar cuando tienes citas amorosas con alguien: o se casan o terminan la relación. Sin contar las tragedias inesperadas, cada relación de noviazgo acaba, ya sea con una conversación para terminar o con una boda. Así que, por favor, entiende que si estás en una relación exclusiva, no estás obligado o forzado a permanecer en ella. Los límites bíblicos para el matrimonio y el divorcio no se ajustan aquí. De todos modos, ¿qué significa de veras estar comprometido en un noviazgo? Significa que estás comprometido hasta que uno de los dos decida que dejan de estarlo.

Me recuerda al reclutamiento de fútbol americano universitario. Pocas cosas hacen que los fanáticos del fútbol universitario le presten atención a cada momento de la vida de un chico del instituto que no sea cuando su equipo favorito recluta a un jugador estrella. El objetivo del cuerpo técnico es conseguir que ese jugador se comprometa con su escuela. Sin embargo, incluso después que el atleta del instituto se comprometa, aún puede cambiar de opinión hasta el día nacional de fichajes, cuando firma la proposición de oferta oficial. Un jugador que anuncia su compromiso con cierta escuela crea un frenesí entre sus seguidores, pero su compromiso no es de veras un compromiso. Todo es fingido hasta que el estudiante atleta firma su nombre en la línea de puntos. En el mundo del reclutamiento de fútbol americano universitario, es habitual que alguien afirme que es un «compromiso opcional». Sí, está comprometido con Auburn, pero todavía está revisando Alabama y Clemson. Está comprometido, pero no tanto.

Esto es una cita en pocas palabras. Estás en una relación comprometida hasta que uno de los dos decida lo contrario. No pasa nada. En realidad, es algo bueno. No existe ningún compromiso bíblico para una pareja de novios, ¡ni siquiera para una pareja comprometida! Puede que te tilden de chico malo, que pierdas el depósito que hiciste para alquilar el salón de la recepción o que te des cuenta de que empleaste demasiado dinero el Día de los Enamorados, pero no tiene otra cosa que un «compromiso opcional» hasta que firmes una carta de intención casándote. Así es que debemos ver las citas amorosas. Nunca debes sentirte atascado ni atrapado en una relación de noviazgo. Hay grandes probabilidades de que, mientras más intercambio físico y emocional se produzca, más atascado te sientas. La realidad es que Dios no nos dice en su Palabra que un novio o una novia son su diseño, y que nadie debe separarlos a ambos. Esa afirmación está reservada para el matrimonio. Puedes llamarlo citas amorosas o cortejo, pero lo mismo se cumple; es un compromiso de castillo de naipes que no es obligatorio.

Los cristianos casados deben tener esto en mente mientras caminan por la vida con otros creyentes que tienen una relación de noviazgo o están comprometidos. El noviazgo es un tiempo para evaluar el carácter de otra persona, y la comunión piadosa debe ser parte de él, pero no debemos tratar a nuestros amigos que tienen una relación de noviazgo como si estuvieran casados ni hacerlos sentir culpables cuando salen de una relación de noviazgo que no apunta hacia el matrimonio. Es una vergüenza que la comunidad de la iglesia sea la razón por la que una persona sienta que no puede terminar una relación de noviazgo.

PARA LOS QUE TODAVÍA ESPERAN

No me gusta mucho *Le dije adiós a las citas amorosas*, y no es por alguna antigua amargura del instituto. Mi esposa leyó el libro, y por suerte nunca lo trató como si fuera una parte inspirada de las Escrituras. Ninguno de nosotros somos víctimas de *Le dije adiós a las citas amorosas*. Nos conocimos, nos gustamos, empezamos un noviazgo, nos comprometimos un año después y luego nos casamos. Seguimos el proceso moderno convencional del mundo occidental. Sin embargo, algunos se considerarían víctimas de este libro y de su mensaje, y ese dolor es parte de la dificultad de hablar sobre las citas amorosas y la sexualidad dentro del contexto evangélico estadounidense. Si alguna persona siente dolor y vergüenza debido al juicio que sufrieron durante la locura de la cultura de la pureza, sinceramente espero que puedan encontrar su valor en Cristo en vez de hacerlo en el legalismo o en un antiguo movimiento cristiano. Sin embargo, para otros que se imaginan como víctimas debido a que las promesas de Harris y de otros no se hicieron realidad, tal vez haya un poco de autocompasión en la escena y una necesidad de tener una perspectiva de acuerdo al evangelio. Quizá te enseñaran que ser una «dama en espera» significaba que un Príncipe Azul Cristiano sexualmente puro esperaría por ti. O a lo mejor se burlaron de ti en el equipo de fútbol porque decidiste no tener relaciones sexuales. Tal vez esos compañeros de estudio que se burlaron de tus decisiones se casaron, y aquí estás tú, soltero y cansado de que te digan que te relaciones, sin haber tenido nunca la oportunidad de conocer a la persona adecuada.

Una gran parte de la vida cristiana es luchar contra la tentación de creer incluso en las formas más sutiles del evangelio de la prosperidad. Además de ser un evangelio falso, el gran peligro del evangelio de la prosperidad es que hace a Dios responsable por promesas que jamás hizo. Los movimientos de «El verdadero amor espera» y la cultura de la pureza no tuvieron su origen en el evangelio de la prosperidad, pero quizá sin querer, sus mensajes forjaron la creencia en una generación de cristianos que, si seguían las reglas, Dios los recompensaría con un cónyuge que hubiera hecho lo mismo. Conocerían a la persona perfecta, se casarían cuando terminaran la universidad, tendrían la luna de miel perfecta y tendrían una vida plena. Si eso es lo que piensas, y esas cosas todavía no han sucedido, tal vez sea fácil culpar a la cultura de la pureza. Aun así, no olvides que es probable que tuvieras la Palabra de Dios tan a la mano en ese entonces como el libro de Harris. Aunque bien intencionado, Harris escribió sobre algo de lo que no podía tener una experiencia adecuada, pues era un joven soltero de veintiún años. No obstante, a pesar de las fallas del libro, eso no tiene importancia a la hora de considerar lo que Dios dijo acerca del matrimonio y de las relaciones sexuales. Es hora de que los cristianos que crecieron dentro del movimiento de la cultura de la pureza abandonen los intentos vanos de deshacer el daño que hizo con exposiciones públicas llenas de enojo y, en vez de eso, busquen el diseño de Dios para la sexualidad y el matrimonio, y crean que el principal objetivo de Dios al hacernos esperar es darse a sí mismo a nosotros[5].

3

El contraataque a
«Es solo sexo»

Si hay una declaración definitiva que explica la actitud de la sociedad occidental con respecto al sexo, sería esta simple, pero reveladora, afirmación: «es solo sexo». Las únicas limitaciones que quedan en la sociedad actual con respecto al sexo son el consentimiento y el no utilizar el poder institucional de alguien con el propósito de tener relaciones sexuales. Siempre y cuando no abuses del poder y recibas el consentimiento de cada una de las personas involucradas, tienes la libertad para operar de acuerdo al mantra de nuestros días. En la actualidad, el sexo no solo se espera en el marco de las citas amorosas, sino también durante una salida nocturna después de conocer a alguien por primera vez. Como pastor en un pueblo universitario, conozco a estudiantes que empacan una mochila antes de salir el viernes por la noche, pues en cualquier salida nocturna con amigos, el sexo es una posibilidad. Richard E. Simmons III escribió un libro sobre este enfoque moderno del sexo y se refiere a este como «sexo a primera vista». Cuenta la historia de un recién

graduado de la universidad que relataba: «El sexo está presente
en casi todos los aspectos de la vida de los dormitorios estudian-
tiles que he experimentado. He visto "incestos de dormitorio"
donde todas las personas del piso tienen sexo con cada una de
las otras personas»[1]. Para muchos estudiantes, el sexo solo forma
parte de la experiencia universitaria.

Me resulta interesante que el sistema de creencias de que
«es solo sexo» se contradiga a sí mismo desde el principio. Falla
en reconocer que incluso la idea de *consentimiento entre adultos*
señala una realidad importante. Si tienes que estar de acuerdo
y tener la edad suficiente para que tu consentimiento sea viable,
el sexo significa algo. El abuso abunda en nuestra sociedad pecaminosa, y pocas cosas crean más indignación entre las personas
normales, como debe ser, que ser testigos de un abuso. Es tan
serio que nos referimos a las víctimas como «sobrevivientes», y
todos los que creemos que las personas son hechas a la imagen de
Dios deben sentirse afligidos y tener la motivación de cuidar
de quienes han sido víctimas de la maldad del abuso. El hecho de encubrir el abuso disgusta a las personas, y si bien hay un
camino largo por delante para cambiar la cultura del abuso que
existe en muchas esferas de la vida, la indignación que conduce a
la acción está por fin comenzando a surgir gracias a los sobrevivientes que con valentía se atreven a hablar sobre sus experiencias
traumáticas. Una vez al descubierto, el abuso casi siempre recibe
la respuesta que merece, porque las personas saben por naturaleza
que el sexo no debe ser por la fuerza.

Me ando con pies de plomo al explicar esto, pero por ho-
rribles y espantosos que sean los abusos domésticos no sexuales,
nuestras respuestas a los abusos sexuales transmiten intrínseca-
mente que son una clase aparte. De ninguna manera pretendo
minimizar el trauma que causa el abuso doméstico. Sin embargo, en términos tanto de las consecuencias legales como de
la percepción en general, es innegable que las violaciones o el
abuso sexual de cualquier tipo crean una respuesta emocional

diferente en nuestra sociedad. Sabemos que el sexo por la fuerza u obligado es algo malvado. El abuso sexual es algo tan opuesto al diseño de Dios que incluso un mundo incrédulo lo puede llamar pecaminoso.

Vamos a pensar en eso otra vez. ¿Por qué el sexo por la fuerza se considera tan repugnante? Porque el sexo significa algo.

Si «es solo sexo», ¿por qué necesitaría alguien hacer un descargo de responsabilidad del consentimiento? Si el director de una organización está haciendo uso de su autoridad para involucrar el sexo como una condición para la seguridad laboral o para avanzar en la compañía, o si sale a la luz una historia de que un profesor del instituto está usando su poder de manera abusiva sobre un estudiante vulnerable teniendo relaciones sexuales, ¿por qué eso indigna incluso a la mente más secular? Porque en nuestro interior sabemos que eso de que «es solo sexo» es mentira. El sexo fuera del diseño de Dios no solo conduce al sufrimiento, sino que también puede dejar víctimas traumatizadas a lo largo del camino. El sexo es así de serio, y la Biblia es clara como el agua cuando nos muestra lo catastrófico que puede ser tomar lo que Dios le ha dado a su pueblo para que lo disfrute y abusar de ello.

Un importante argumento de las Escrituras contra «es solo sexo» se encuentra en 1 Corintios capítulo seis. En su carta a la iglesia en Corinto, Pablo confronta una actitud opuesta al diseño de Dios para el sexo con un fuerte regaño. No solo es que están teniendo relaciones sexuales. Hombres cristianos habían mezclado su fe con las religiones paganas de su ciudad y creían que podían justificar su participación en la prostitución en el templo como una actividad religiosa aceptable. Leíste bien: cristianos profesantes tenían relaciones sexuales con prostitutas en un templo pagano.

Para abordar el pecado de los corintios, Pablo establece su argumento de forma gradual. Primero, escribe que la inmoralidad sexual no es el propósito de nuestros cuerpos, cuando dice:

«El cuerpo no es para la inmoralidad sexual, sino para el Señor, y el Señor para el cuerpo» (1 Corintios 6:13). Ese elemento es fácil de entender; puesto que mi cuerpo le pertenece a Cristo, no debo tener relaciones sexuales con una prostituta. Entendido. (El tema de que los cristianos se abstienen de la prostitución casi nunca es controvertido). Pablo podía haberle advertido a la iglesia acerca de la prostitución por varias razones que habrían tenido mucho sentido, pero en vez de eso, lleva el asunto a un lugar inesperado. Continúa diciendo: «¿Acaso no saben ustedes que su cuerpo es parte del cuerpo de Cristo? ¿Y habré de tomar yo esa parte del cuerpo de Cristo y hacerla parte del cuerpo de una prostituta? ¡Claro que no!» (6:15, DHH). Aterriza el avión en el versículo dieciséis, donde le deja entender al lector que su problema no es con la prostitución, sino con lo que sucede en el acto del sexo en sí mismo: «¿No saben que el que se une a una prostituta se hace un solo cuerpo con ella? Pues la Escritura dice: "Los dos llegarán a ser un solo cuerpo"». Pablo hace referencia al jardín del Edén, al diseño de Dios para el sexo y a lo que sucede cuando la relación sexual tiene lugar.

> **Cuando pecamos sexualmente, lo hacemos contra nuestro propio cuerpo, que Dios creó y Jesús compró con el precio de su propia vida.**

«El hombre deja a su padre y a su madre para unirse a su esposa, y los dos llegan a ser como una sola persona. Tanto el hombre como su mujer estaban desnudos, pero ninguno de los dos sentía vergüenza de estar así» (Génesis 2:24-25, DHH). Esto no se trata de andar con prostitutas; se trata del diseño de Dios: cuando dos se unen, se convierten en uno. Seamos realistas; aparte de algún daño emocional, casi nunca hay cicatrices profundas después de una ruptura entre un novio y una novia que solo se acurrucaron un poco en el sofá viendo una película. Sin embargo, a pesar de lo que el mundo trate de proclamar, hay mucho más que el daño emocional de una ruptura cuando el sexo fue parte de la relación. ¿Por qué? Pablo nos señala al principio: los dos se convierten en un solo cuerpo. Debido a que el lazo que el sexo crea entre dos personas es tan profundo, la conducta sexual inapropiada acarrea un trauma. La prostitución solo era el pecado específico que cometían los corintios. No obstante, el argumento de Pablo no tuvo nada que ver con el método de su inmoralidad sexual, sino con lo que es el sexo en realidad: la unión no de dos cuerpos, sino de dos almas.

Luego, con mucho amor, Pablo concluye su sección sobre el pecado sexual rogándoles así a los creyentes: «Huyan de la inmoralidad sexual» (1 Corintios 6:18). Puedo visualizar su pluma temblando con urgencia mientras escribía: «Cualquier otro pecado que una persona comete, no afecta a su cuerpo; pero el que se entrega a la prostitución, peca contra su propio cuerpo. ¿No saben ustedes que su cuerpo es templo del Espíritu Santo que Dios les ha dado, y que el Espíritu Santo vive en ustedes? Ustedes no son sus propios dueños, porque Dios los ha comprado. Por eso deben honrar a Dios en el cuerpo» (6:18-20, DHH).

Pablo no parece estar de acuerdo con la afirmación de que todos los pecados son iguales a los ojos de Dios. Todo pecado es una ofensa contra Dios y requiere una redención completa que solo es posible a través de la muerte y la resurrección de Jesucristo, pero el pecado sexual parece diferenciarse aquí por tener un tipo único de consecuencia. Cuando pecamos sexualmente, lo hacemos contra nuestro propio cuerpo, que Dios creó y Jesús compró con el precio de su propia vida. Nuestros cuerpos físicos son templos del Espíritu Santo. En este contexto, Pablo no está hablando de bienestar, planes de dieta, no comer demasiada azúcar o la necesidad de hacer yoga. Está hablando del sexo. El acto del sexo une el cuerpo y el alma con la otra persona. Ya sea con una prostituta, como en el caso del templo de los corintios, con un novio o una novia, o con tu cónyuge, esta unión es la realidad.

No obstante, Pablo les da una posibilidad de esperanza que es fácil pasar por alto debido al peso de todo lo demás que comunica. Por un momento deja de hablar de convertirse en un solo cuerpo en el acto del sexo para referirse a una unión diferente y mayor: «Pero el que se une al Señor se hace uno con él en espíritu» (1 Corintios 6:17). En esta cultura corrompida de los corintios, Pablo exhorta a los creyentes para que se alejen de la inmoralidad sexual y se unan con Cristo. Al hablar sobre Génesis y sobre la unión de los creyentes con Cristo, Pablo quiere que se den cuenta de la intención original de Dios el diseñador.

Al igual que muchas de las creaciones de Dios, el sexo tiene razones físicas y prácticas para su existencia, así como espirituales y poéticas. ¿Creó Dios el sexo con el propósito de la procreación con el objetivo de poblar la tierra? Sin duda alguna, pues Dios les dijo a Adán y a Eva que fueran fructíferos y se multiplicaran (Génesis 1:28). Además, Dios creó el sexo para el placer y el disfrute mutuo del esposo y la esposa juntos (Proverbios 5:18-19; 1 Corintios 7:5). Sin embargo, Dios también creó el sexo para lograr una unidad en el matrimonio que nos señala algo mayor. Esta unidad no se ve de manera física, como los hijos, ni solo se siente, como el placer sexual. La unidad de un esposo y una esposa como un solo cuerpo es una comprensión física de una realidad espiritual: nuestra unión con Cristo. Eso puede parecer raro, pero es importante saber que cuando Dios creó el matrimonio, tenía el evangelio en mente.

Con frecuencia encontramos ejemplos visuales de realidades espirituales a nuestro alrededor, debido a que Dios, en su gracia, nos ha dado a nosotros, simples mortales, medios para entender su amor divino.

• Cuando se adopta un niño en una familia, eso es un cuadro tangible de cómo nos adoptó en Cristo nuestro Padre celestial.

- Cuando perdono a alguien que me hizo daño, eso me señala la realidad espiritual de que Dios me perdona cuando peco contra Él.
- Cuando un pastor cuida de sus ovejas, eso es una imagen de cómo el Señor es nuestro pastor y nosotros somos sus ovejas.

De la misma manera, cuando Dios creó el matrimonio y Adán y Eva se unieron como una sola carne, la unión de sus cuerpos nos señala la realidad espiritual invisible de Cristo y la Iglesia, nuestra unión con Él.

John Murray escribió que «la unión con Cristo es [...] la verdad central de toda la doctrina de la salvación»[2]. La salvación en Cristo representa para nosotros un pacto de matrimonio. Justin Taylor explica de manera práctica que estamos en Cristo y Cristo está en nosotros (Juan 6:56; Juan 15:4; 1 Juan 4:13)[3]. Tony Reinke, en su comentario sobre la conferencia de Richard Gaffin en el 2006 acerca de la unión con Cristo en el Nuevo Testamento, afirma: «Es una unión mística, pues involucra un gran misterio, un misterio que tiene su analogía más cercana en la relación entre un esposo y una esposa»[4].

Pablo entendía la conexión entre el sexo y la unión espiritual cuando amonestó a la iglesia en Corinto, y escribió instrucciones similares en un contexto diferente por completo a la iglesia en Éfeso. «Por eso dejará el hombre a su padre y a su madre, y se unirá a su esposa, y los dos llegarán a ser un solo cuerpo». Esto es un misterio profundo; yo me refiero a Cristo y a la iglesia» (Efesios 5:31-32). Pablo les daba instrucciones a las parejas casadas con respecto a sus deberes y a las responsabilidades específicas de cada género en el matrimonio, y cita Génesis como lo hizo con los corintios, hablando de la unión en un solo cuerpo que se fortalece en el sexo. Cuando leí estos versículos por primera vez cuando era un joven creyente, la yuxtaposición del matrimonio con Cristo y la Iglesia me confundió. Decidí preguntarle a un pastor para que me ayudara a entender lo que yo pensaba que era un fuerte y arbitrario cambio en el contenido de la carta, y el pastor me dijo: «No es arbitrario en lo absoluto; ese giro no es un cambio en realidad. Para entender a Cristo y la Iglesia, necesitas entender el matrimonio, y para entender el matrimonio, necesitas entender a Cristo y la Iglesia». Cuando Dios hizo a Adán y a Eva, la historia del evangelio ya estaba en acción, y su unión nos ayudaría a entender las buenas nuevas.

Así que, lo que Pablo nos dice es que la unión en un solo cuerpo de un esposo y una esposa es el cuadro visible de la realidad invisible y espiritual de Cristo y la Iglesia. Al regresar a Génesis, Pablo siguió el ejemplo de Jesús cuando enseñó sobre el matrimonio. Cuando le preguntaron a Jesús acerca del divorcio, solo apeló al perfecto jardín del Edén antes de la caída. «¿No han leído —replicó Jesús— que en el principio el Creador "los hizo hombre y mujer", y dijo: "Por eso dejará el hombre a su padre y a su madre, y se unirá a su esposa, y los dos llegarán a ser un solo cuerpo"? Así que ya no son dos, sino uno solo. Por tanto, lo que Dios ha unido, que no lo separe el hombre» (Mateo 19:4-6). Si bien nuestra unión con Cristo es eterna, la unión matrimonial en esta vida tiene también una permanencia terrenal y no debe romperse.

«¿No saben que el que se une a una prostituta se hace un solo cuerpo con ella? Pues la Escritura dice: "Los dos llegarán a ser un solo cuerpo"» (1 Corintios 6:16). Pablo está usando el contexto de lo que sucedió en el templo en Corinto para comunicar que el sexo nunca «es solo sexo». La Palabra de Dios deja claro que Dios se interesa lo suficiente por nosotros como para avisarnos que huyamos de crear cosas permanentes en relaciones temporales. La permanencia solo debe existir en el matrimonio, donde lo que Dios unió no lo debe separar el hombre.

La cultura de la pureza entendía muy bien que alejarse del diseño de Dios para el sexo conduce al sufrimiento. El movimiento tenía razón al darle una gran importancia a las consecuencias de adoptar la forma de pensar del mundo con respecto al sexo. Sin embargo, lo que no he escuchado de parte de quienes proclaman el nombre de Cristo, pero que tiemblan ante la sola mención de la cultura de la pureza, es una alternativa viable. Hay críticas, hay quejas de legalismo y hay historias del daño que hizo el movimiento; entonces, ¿qué se supone que hagamos? La mejor respuesta que puedes obtener es un llamado a analizar los matices. De seguro que hay ocasiones en las que ver los matices es la mejor respuesta para asuntos complicados, pero lo que la Biblia dice con respecto al sexo no es uno de esos ejemplos. Sentirse enojado o avergonzado por la crianza evangélica de uno no cambia el hecho de que Dios tiene un diseño. Las medidas extrabíblicas que promovían la cultura de la pureza y la entrada en el legalismo no cambian el hecho de que Dios tiene un diseño. Hay un hilo conductor desde el Génesis, pasando por los Diez Mandamientos, hasta Jesús y Pablo, que apunta a un diseño que existía antes de la Caída. Cuando nos oponemos a la ética sexual bíblica, adoptamos una comprensión del sexo que existió después de la caída, donde el único valor que permanece es el consentimiento. Un rechazo a la cultura de la pureza sin un compromiso con la ética sexual bíblica no hará que brille la luz de la gloria de Dios en un mundo quebrantado sexualmente.

EL SEXO ES COMO EL FUEGO. LAS BARRERAS SON IMPORTANTES.

La cultura de la pureza a menudo hablaba acerca del sexo de una manera que sugería que era algo malo y que debía tenérsele miedo. Esa es una crítica justa. De acuerdo al diseño de Dios, nada podría estar más lejos de la verdad. El sexo es algo bello y poderoso que hay que manejar con responsabilidad. Déjame darte una analogía. Soy de la Florida, así que tener un fuego prendido en la chimenea no es algo común. No obstante, durante las pocas noches en el año en las que usamos la chimenea, nuestra casa tiene todos los buenos sentimientos de la Navidad, el calor y la nostalgia. Tráeme la sidra caliente y las películas de Navidad de Hallmark; ¡el fuego está prendido! El fuego en la chimenea es algo maravilloso. No obstante, si ese fuego se escapa de la chimenea y se esparce aunque sea medio metro y llega a la alfombra de la sala, eso sería algo terrible. Nos apresuraríamos a apagarlo para que no se extienda. Sin duda, eso echaría a perder nuestra película de Hallmark. El fuego en sí mismo no es el problema, pero la ubicación del fuego marca toda la diferencia. Ponte tus medias peludas si hay un fuego en la chimenea; corre desesperado a buscar el extintor si hay un fuego en la alfombra. El fuego en la chimenea es maravilloso; el fuego en la alfombra no es maravilloso. (Por eso es que un padre amoroso les enseña a sus hijos cómo comportarse alrededor del fuego).

El sexo en sí mismo no es el problema. El problema es el sexo fuera del diseño de Dios, como el fuego en la alfombra en vez de estar en la chimenea. El sexo no es malo, pero fuera de la barrera prescrita, puede ser increíblemente destructivo. Cuando el sexo se presenta como algo malo, cuando vemos a Dios como el que quiere quitarnos la alegría, damos por sentado algo que es incoherente con su diseño y su poder creativo. (¿Quién crees que inventó el sexo? Pista: Esta pregunta no es para las personas de los años sesenta). En vez de eso debemos tomar nuestra pista del escritor de Hebreos, que dijo: «Tengan todos en alta estima el matrimonio y la fidelidad conyugal, porque Dios juzgará a los adúlteros y a todos los que cometen inmoralidades sexuales» (13:4). El sexo debe tenerse en alta estima de la misma manera que uno miraría una cadena montañosa y se maravillaría ante lo que diseñó y creó Dios. Además, Hebreos nos dice también cómo se ve lo opuesto: la inmoralidad sexual y el adulterio. Nunca es solo sexo.

A menudo le digo a nuestra congregación:

El sexo no es para las personas «enamoradas».

El sexo no es para las personas maduras.

El sexo no es para las personas cuidadosas.

El sexo es para las personas casadas.

LA CULTURA DE LA PUREZA
Y LA FALSA PROPAGANDA

Otro tropiezo de la cultura de la pureza es dar por sentado que el sexo dentro del matrimonio es una utopía sexual. Caminar hacia el matrimonio creyendo eso puede conducir a la confusión, a la frustración y a sentir que hay algo malo contigo si el sexo no parece perfecto de inmediato. El fuego en la chimenea necesita cuidado y atención; crear un buen fuego toma tiempo. El sexo puede ser imperfecto para quienes permanecieron vírgenes hasta su noche de boda y para quienes no lo hicieron. Hay sanidad para unos y aprendizaje para otros. El punto es que el matrimonio es la única relación apropiada en la que esos aspectos de la relación sexual deben experimentarse. Tanto para sanar las heridas como para aprender las complejidades del cuerpo humano, el matrimonio fue el foro que proveyó Dios.

En un mundo que se ha alejado del diseño de Dios para el sexo (y celebra esa separación y procura adoctrinar a la nueva generación en ella), las consecuencias sociales del pecado sexual continuarán siendo una realidad en nuestras vidas. El enojo de la anticultura de la pureza quiere hacer fingir que todo está bien, pero no es así. Las personas están sufriendo, y el sufrimiento es el único resultado lógico de alejarse del Edén y del diseño de Dios. Cuando se peca, como señala Pablo, lo hace «contra su propio cuerpo», así que no debemos enojarnos con los que continúan defendiendo el diseño de Dios, sino creer en el evangelio y acoger la gran alternativa que revela Pablo: «Pero el que se une al Señor se hace uno con él en espíritu» (1 Corintios 6:17).

La única forma de sanar es en Cristo. Si bien nuestra unión con Cristo restaura nuestra relación con Dios de manera instantánea y por la eternidad, el largo camino de regreso al Edén comienza con pasos de obediencia individuales. Nuestra santificación incluye seguir el diseño de Dios para el sexo y, por su gracia, Él permite que quienes han pecado recuperen sus propósitos y empiecen a vivir de acuerdo a su diseño. Para los que han pecado o contra quienes han pecado: tengan esperanza. Mi oración es que esos a quienes el pecado ha corrompido y llevado a la oscuridad crean que el Señor Jesús vino a redimir, a restaurar y a hacer las cosas nuevas. Jesús vino para traer vida y luz que brilla en los lugares más oscuros. El camino de regreso al Edén está pavimentado en Cristo.

SEGUNDA
SECCIÓN

ESTAR DE PASO:
La vida como peregrinos
en un mundo enloquecido
por el sexo

Ahora que hemos cubierto brevemente la cultura de la pureza que la generación actual está rechazando, así como el contraataque a una ideología mundana, me gustaría concentrarme en esa puerta estrecha sagrada que lleva al diseño de Dios. Durante los siguientes capítulos, examinaremos varios aspectos en los que muchos cristianos necesitan recuperar una posición adecuada, como son los puntos de vista con respecto a las citas amorosas, la soltería, la homosexualidad y la pornografía. Sin embargo, el hilo principal que conecta todo esto es una comprensión de que somos peregrinos en este mundo. Solo estamos de paso. Nuestros comportamientos no deben reflejar (ni siquiera tener sentido) los del mundo.

Aparte de haber salido de mi estado para estudiar en la universidad, he vivido en Florida toda mi vida. Por lo general, tienes tres opciones diferentes de escenarios en nuestro estado: playas, pantanos o bosques. Un verano, mi esposa y yo fuimos de vacaciones a Wyoming. Nos quedamos cerca del parque nacional de Yellowstone y disfrutamos nuestra estancia en uno de los estados y de los escenarios más bellos de los Estados Unidos. Vimos animales y paisajes nunca antes visto, como los búfalos y las montañas de verdad. Debido a que estaba en el oeste estadounidense, me sentí tentado a comprar un sombrero y unas botas de vaquero, los que parecía que todas las personas de la localidad usaban y que estaban disponibles en todas las tiendas. Sin embargo, no soy vaquero, soy de Florida, y los vestidos del oeste no eran prácticos para mi vida real ni para donde me dirigía: mi casa.

Los seguidores de Cristo son ciudadanos de un mundo diferente, un mundo espiritual, un mundo que se está preparando para la Iglesia. Según el autor de Hebreos, el tema común de los creyentes que vivían por la fe en las promesas de Dios era su anhelo de una patria mejor, una patria celestial (Hebreos 11:16). Pedro le recordó a la iglesia que eran «extranjeros y peregrinos» (1 Pedro 2:11), y Pablo les recordó a los creyentes filipenses que eran ciudadanos del cielo (Filipenses 3:20). Al igual que yo me sentí cuando visité Wyoming siendo de Florida, los cristianos deben sentirse como visitantes a medida que transitan por esta vida, como si fuera un lugar extranjero. Las Escrituras dejan claro que el pueblo de Dios no debe parecerse al mundo porque es de una nación diferente que vive bajo el reinado de Dios. Debido a nuestra naturaleza pecaminosa, hay ocasiones en las que los creyentes pierden de vista su estatus como personas de otro reino y empiezan a mezclarse con este mundo a través de actos pecaminosos. No obstante, en quienes conocen de veras al Señor, hay arrepentimiento y un deseo de no amoldarse a los patrones de este mundo (Romanos 12:2). Si has caído en pecado o nunca has escuchado enseñanzas bíblicas acerca de los próximos temas, cree que en Cristo hay perdón completo, limpieza de pecado, novedad de vida y hermandad.

Para muchos cristianos estadounidenses del siglo veintiuno, un aspecto predominante de mezcla con el mundo es el ámbito del sexo, las citas amorosas y las relaciones. La enseñanza bíblica con respecto a la ética sexual siempre ha estado en contradicción con el mundo y, a decir verdad, hay cristianos profesantes que ya no quieren estar en contradicción. En la actualidad, muchos cristianos prefieren situarse en el «lado adecuado», a los ojos del mundo, de algunos asuntos. La Biblia permite una postura aceptable de acuerdo a la sociedad en cuanto a la pobreza y a la reconciliación racial, pero muchos cristianos parecen sentirse avergonzados por la clara ética sexual que la Biblia los llama a tener bajo el liderazgo de Cristo. El mundo aplaude cuando cuidamos de los pobres, pero acusa a la iglesia de un extremismo opresivo y anticuado cuando se trata de lo que dice la Biblia acerca de la sexualidad. En un debate en Twitter sobre la conexión entre el punto de vista bíblico sobre la justicia y la pureza sexual, Tim Keller escribió que la iglesia primitiva se caracterizaba por una profunda preocupación por los pobres y la igualdad social, y que enseñaba, a la misma vez, que el sexo era solo para el pacto del matrimonio, que debía ser un pacto de entrega mutua de por vida[1]. Keller señaló que en un matrimonio las dos personas se convierten en «una sola tela unida por el principio del sacrificio mutuo, de "perderse a sí mismo para encontrarse a sí mismo"»[2]. En Cristo, podemos entender cómo la enseñanza de la Biblia sobre el sexo es coherente con su llamado más general al sacrificio propio, mientras que el mundo no tiene un modelo legítimo para eso.

Hay otros que (en vez de sentirse avergonzados) no quieren molestarse por saber lo que la Biblia dice acerca del sexo, que ven a Dios como una clase de mojigato o que consideran la ética sexual bíblica como algo reservado para los legalistas. Tal vez vean como un inconveniente el hecho de que las creencias religiosas interfieren con decisiones de vida muy personales. Como resultado, demasiados cristianos profesantes en la actualidad se identifican más con Carrie Bradshaw de *Sexo en la ciudad* que con la tarjeta de «El verdadero amor espera» de otra época. El péndulo ha cambiado la mentalidad de «si no puedes derrotarlos, únete a ellos».

La ética sexual del mundo debería sentirse como un país extranjero para los seguidores de Jesús, pero veo a muchos que caen en las normas de una sociedad secular y, a la vez, profesan la fe y la identidad cristianas. Los próximos capítulos hablan de siete mentiras principales que los cristianos pueden llegar a creer a medida que transitan por esta vida en la tierra.

4

MENTIRA N.° 1:
«El sexo se da por sentado»

Entrar en una relación de noviazgo en nuestros días es el equivalente de solo dormir uno con el otro durante el período en que la pareja permanezca en dicha relación. Lo que antes era el primer beso ahora es dormir juntos. Esto es especialmente prevalente en las instalaciones universitarias, donde la «cultura del sexo casual» es una parte normal de la experiencia para muchos. La Asociación Estadounidense de Psicología incluso escribió una definición para «sexo casual» como un tipo de encuentro sexual en el que los participantes no tienen la expectativa de continuar ni desarrollar su relación más allá del encuentro sexual»[1]. En una reflexión sobre la cultura del sexo casual de su experiencia en la universidad, una estudiante escribió: «Con el tiempo, inevitablemente, vino la costumbre. Y con la costumbre llegó la vergüenza, la ansiedad y el vacío. Mis amigas y yo éramos excelentes estudiantes, científicas, artistas y líderes. Podíamos abogar por cualquier cosa, excepto por nuestros propios cuerpos. Nos ganábamos la alabanza de nuestros profesores, pero los hombres con los que dormíamos ni siquiera desayunaban con nosotras a la mañana siguiente. Lo que es peor aún, lo cierto es que pensábamos así con respecto a la situación: "Él no dijo nada de desayuno, así que mejor me voy a casa"»[2].

Detesto dar por sentado lo peor, pero después de estar en el ministerio pastoral durante bastante tiempo, rodeado de cristianismo nominal y de muchos estudiantes de universidad pública, puedo decirte que es raro que una pareja de novios tenga algo más que no sea una relación física. Puede que incluso no estén teniendo sexo literalmente, pero casi siempre hay un nivel de juego previo presente. Una razón por la que puedo afirmar esto es que a menudo escucho parejas que me dicen que viven esa realidad en sus relaciones. En una clase de falso compromiso donde gran parte de la vida de casados se vive al estar siempre juntos, cuando una pareja intercambia profundas emociones y besos apasionados, la tentación se vuelve casi insoportable.

Para guardarnos de la tentación sexual, el factor esencial para un cristiano debe ser la certeza de que la persona con quien está saliendo es cristiana de convicciones fuertes. Esto no garantiza la pureza sexual, pero hace que entres con sabiduría en una relación con alguien que no es de este mundo y que se esfuerza por seguir a Cristo. Cuando un cristiano empieza a salir con una persona no creyente, lo más probable es que esté entrando en un mundo donde se espera el sexo. Eso no debería sorprender a nadie. A veces la retórica inicial es que el no creyente «respeta» las creencias de la otra persona y no va a presionarla a nada, pero eso casi nunca dura mucho. También me pregunto si los cristianos que salen con no creyentes se dan cuenta de lo que comunican con esa relación: que la fe no les resulta importante a la hora de encontrar un futuro cónyuge. Sentirse atraído por otra persona, admirar una gran personalidad, sentir una clase de química, todo eso es, al parecer, más importante que la fe. Sí, hay historias de personas que conocieron a Cristo a través de esa práctica (que a menudo se denomina «noviazgo misionero»), pero esto solo muestra que Dios es más grande que nuestras malas decisiones y nuestras prioridades equivocadas. Eso por no mencionar que, en caso de que el sexo forme parte de una relación de noviazgo misionero que resulta en una conversión al cristianismo, mi preocupación es que el individuo se ganó para algo diferente a Cristo. Tal vez esa persona ahora asista a la iglesia con la familia del novio o de la novia, ¿pero esa persona sigue a Cristo en realidad? Además, si el cristiano en la relación vive en pecado, ¿qué nos haría pensar que tuvo lugar una conversión genuina si no hay arrepentimiento?

Esas no son situaciones hipotéticas; son comunes entre los cristianos que están más interesados en tener una relación que en lo que Dios dice acerca de las relaciones. Como resultado, la ética sexual de la Biblia se convierte en un inconveniente en vez de en algo que se debe seguir. Me cuesta trabajo culpar a la cultura de la pureza por la triste realidad de que a los cristianos los está absorbiendo la expectativa del mundo con respecto al sexo. En todo caso, lo que vemos es una corrección exagerada de la cultura de la pureza fomentada por una ausencia de enseñanzas bíblicas sobre el sexo desde el púlpito. Los sermones acerca de las relaciones a menudo andan con rodeos sobre el asunto, enfocándose en cómo encontrar al Sr. Adecuado o cómo tener un buen matrimonio en vez de hacerlo en cómo permanecer fiel en un mundo que ve el sexo como una expectativa y no como un regalo de Dios para el pacto permanente del matrimonio. Salir con un no creyente y entrar en una relación en la que se espera el sexo, a menudo son los pasos iniciales que dan los cristianos cuando empiezan a hacer concesiones en el camino que los conduce a alejarse de la comunidad cristiana y, en última instancia, de la fe.

La secuencia casi siempre es así:

Un hombre o una mujer cristiana que no ha tenido muchas citas amorosas empieza a recibir la atención de alguien que encuentra atractivo o atractiva, a quien conoció fuera de la comunidad de la iglesia (la mayoría de las veces en la escuela, el trabajo o en un evento social). Los dos empiezan a coquetear y con el tiempo hacen planes para verse fuera del trabajo o de dondequiera que se hayan conocido. Hasta ese momento todo se basa en la atracción física y casi nunca está presente alguna conversación sobre la fe. Ninguna de las dos personas tiene idea de si la otra es cristiana.

Salen en una cita y lo pasan muy bien. La atracción mutua crea un bienestar, una sensación de euforia, y sienten que algo emocionante está empezando a surgir.

A medida que salen en más citas, comienzan todos los aspectos de una relación. Mientras más tiempo estén juntos, esto conduce con el tiempo a una relación física. Aunque el compromiso comienza pequeño, suele crecer inevitablemente hasta llegar a lugares que el cristiano nunca habría deseado. Sin embargo, le gusta la atención y el sentimiento de ser deseado o deseada, querido y buscado. También hay sentimientos de culpa, pero nadie en la comunidad cristiana sabe acerca de la relación por ahora.

Con el tiempo, la comunidad de amigos de la iglesia de la persona cristiana se entera de la relación. Los amigos están felices, pero preguntan acerca del interés del nuevo amor en la fe. Para ese momento, ya no cabe duda de que esa persona no sigue a Jesús o no se interesa en la fe. Lo más probable es que solo «respete» las creencias de la persona cristiana, pues de todas formas no han estorbado en lo absoluto la relación. Consciente de eso, el cristiano lleva la conversación lejos del tema de la fe y, en vez de eso, se enfoca en lo maravilloso y lo «comprensivo» que es su novio o su novia, incluso afirma que está abierto a la idea de asistir a la iglesia alguna vez.

Los amigos responden con preocupación, y eso casi siempre escala hasta que la persona en la relación siente que sus amigos están siendo criticones, moralistas e injustos. O, lo que es peor, dicen cosas como «ustedes no quieren que yo sea feliz» o «solo sienten celos por no haber encontrado a alguien».

En última instancia, la persona en la relación no aprobada se separa por completo de su grupo de amistades, diciendo que la iglesia se ha vuelto criticona, y con el convencimiento de que tiene una causa justa para continuar en esta relación como una clase de misionero o misionera. Tal vez esa persona empiece a sentarse en la parte de atrás del templo donde puede permanecer anónima o decida visitar una iglesia diferente con la otra persona donde nunca se predique sobre la ética sexual o no hagan un gran problema cuando un creyente salga con un incrédulo. Con el tiempo, dejan de ir a la iglesia del todo y los amigos del no creyente se convierten en los nuevos amigos del creyente, dejándolo fuera de la comunidad cristiana.

Ah, y viven juntos.

Esta secuencia funciona como un libreto, pues forma parte del proceso. Como pastor, una de las razones principales por las que veo personas alejarse de la comunidad de la iglesia es porque han entrado en una relación que es prohibida o algo por el estilo. Puede ser una relación de noviazgo, una relación extramatrimonial o una relación homosexual, pero las relaciones sexuales casi siempre son la razón. Cuando combinamos nuestro anhelo natural por una relación con un mundo donde se espera el sexo, está casi garantizado que la relación se convertirá en una relación sexual, o que las convicciones del cristiano irritarán a la otra persona y la relación se romperá. No estoy tratando de hacer ver a los no creyentes como los malos. Tampoco estoy diciendo que el sexo es inevitable en una relación de noviazgo. Más bien, estoy afirmando que un creyente es más vulnerable cuando se unen dos grupos de convicciones diferentes por completo con respecto al sexo. Las convicciones de uno de los dos van a regir la relación. Aunque las palabras de Pablo a la iglesia de Corinto con respecto a estar unido «en yugo desigual» no se ajustan necesariamente al contexto de una relación de noviazgo, el principio se aplica a la perfección en este escenario: «No formen yunta con los incrédulos. ¿Qué tienen en común la justicia y la maldad? ¿O qué comunión puede tener la luz con la oscuridad? ¿Qué armonía tiene Cristo con el diablo? ¿Qué tiene en común un creyente con un incrédulo?» (2 Corintios 6:14-15).

¿Qué tiene en común un creyente con un incrédulo? Pasatiempos y personalidades semejantes que «pegan» equivalen a muy poco en común sin Cristo. Para una pareja de novios cristianos que tienen las mismas convicciones con respecto a las Escrituras, el sexo puede ser una tentación, pero nunca debe ser una expectativa. Por lo tanto, ya que las citas amorosas son el camino acostumbrado hacia el compromiso y el matrimonio, los individuos y las comunidades cristianas tienen que estar claros en cuanto a dónde la Escritura pone los límites en términos de la ética sexual. Batallar con la tentación sexual con una pareja cristiana y buscar ayuda piadosa mientras lo hacen es una actitud que está a años luz de empezar una relación en secreto con alguien que tiene un conjunto de creencias diferentes en su totalidad con respecto al sexo. Los cristianos solteros necesitan tener claro quién es una pareja aceptable.

Una cosa por la que la generación de «El verdadero amor espera» debería estar agradecida es que nos discipularon en una era en la que estaba enraizada en nosotros la idea de que el sexo en una relación de noviazgo era algo inaceptable a los ojos de Dios. Eso no significa que fuéramos inmunes a la tentación; entrábamos en las relaciones de noviazgo llenos de hormonas y de amor adolescente. No obstante, el sexo no era una expectativa, pues nos enseñaron a entender que el sexo no era para personas que tenían un noviazgo, que estaban enamoradas o comprometidas, sino para personas casadas. Los cristianos no deben sentir vergüenza de la Palabra de Dios y deben liberarse del enojo hacia la cultura de la pureza para no fallar a la hora de hacer discípulos que sean bien conscientes de lo que Dios dijo y estén por completo equipados para caminar de acuerdo a eso.

5

MENTIRA N.° 2:

«El matrimonio es la piedra de remate, no la piedra angular»[1]

De acuerdo a la tradición, la piedra angular de un edificio es una pieza sólida y fundacional que conmemora la importancia o significancia de la estructura[2]. Una vez que se termina el edificio, la piedra de remate es una pieza que se coloca encima de una pared exterior. En resumen, el edificio se construye *desde* la piedra angular y se *finaliza con* la piedra de remate. Como iglesia en un gran contexto universitario, celebramos con regularidad el compromiso de estudiantes de nuestra congregación, a menudo en su tercer o último año de universidad. Un componente esencial de la cultura de nuestra iglesia es animar a las personas a buscar el matrimonio en sus relaciones de noviazgo en vez de estar en una relación de noviazgo durante años. Aunque de seguro no sugerimos a la ligereza que cada pareja que se acaba de conocer debe casarse un mes después, el compromiso de nuestro equipo de liderazgo de predicar el diseño de Dios crea una cultura en la que nuestros miembros no posponen el matrimonio como algo para pensar en el camino, sino que más bien lo vean como algo desde el cual edificar sus vidas. En otras palabras, el matrimonio en nuestra iglesia se ve como una piedra angular de la vida, no como algo en lo que podrías pensar con el tiempo o posponer hasta que logres cualquier cosa que sea que estés buscando primero.

En la actualidad, el punto de vista secular es opuesto por completo: para el mundo, el matrimonio es una piedra de remate, no una piedra angular. Una vez que terminas tu maestría, viajas, ahorras dinero y hasta compras una casa o pasas tiempo viviendo en la ciudad de tus sueños, entonces, seguro y si en realidad lo quieres, te casas. Estamos viendo a una generación de cristianos con buenas intenciones que se dejan convencer por este plan de vida. No me refiero a las personas para las que la soltería es un don y que viven a propósito una vida de solteros para la gloria de Dios. Me refiero a personas que tienen todas las intenciones de casarse, solo que no antes de hacer primero todo lo que piensan que es importante.

Eso no significa que los cristianos no deban obtener títulos de posgrado, viajar por el mundo o avanzar en una carrera. Durante mi primer año de la universidad, mi (ahora) esposa, Krissie, y yo empezamos nuestro noviazgo, y yo quería casarme enseguida que nos graduáramos. Siguiendo lo que pensaba que era la sabiduría convencional, pensaba que debía ahorrar dinero para casarme. Eso no era nada fácil, pues estaba en la universidad a tiempo completo y trabajaba a tiempo parcial como camarero, a fin de pagar las cosas básicas como la gasolina y la comida. Por fortuna, gracias a mis padres, no pasaba necesidad, pero la idea de ahorrar dinero para casarme daba risa. Un día después de la clase, me acerqué a mi profesora de consejería bíblica en busca de un consejo. Solo tenía una pregunta: «¿Cuánto dinero necesito ahorrar antes de casarme?». Estaba convencido de que había una suma total establecida universalmente y que todavía no me habían dicho.

Mi profesora escuchó mi pregunta, la pensó durante un par de segundos y me dijo: «Es probable que un mes de gastos básicos sea útil».

Espera, ¿y qué hay del número mágico?

¿No necesitaba diez mil dólares, o tal vez cincuenta mil, en el banco? Pensé que jugaba conmigo, así que me reí un poco en respuesta. Al darse cuenta de que no estaba convencido, me preguntó: «¿Puedes pagar tu alquiler ahora?». Moví la cabeza asintiendo. «Entonces estás bien, solo asegúrate de que puedas comer y pagar el seguro de tu auto». Bueno, ¡entonces estamos bien! Eso podía solucionarlo. Krissie también había estado trabajando durante toda la universidad, ¡así que pensé que incluso podíamos pagar doble alquiler! Ahorré para su anillo de compromiso y me aseguré de que al menos tuviéramos dinero para los gastos básicos de un mes. Incluso tuvimos algún dinero extra para divertirnos gracias a los regalos de la boda. Comprometidos a los veintiuno y veintidós años, casados a los veintidós y veintitrés.

Casarse joven es casi siempre mal visto en la sociedad actual, en especial por quienes están fuera de las comunidades religiosas. Aunque tener veintidós años hace varias generaciones atrás significaba que estabas invadiendo las playas de Normandía, en la actualidad una persona de veintidós años se clasifica como un niño. La creencia parece ser que te vas a perder la vida si te casas joven, como si hubiera una clase de lista de deseos para cumplir antes de casarse que tienes que completar primero. Como resultado, el matrimonio se ve como una piedra de remate, como el glaseado de la torta de lo que sea en lo que se convierta tu vida. Mi esposa y yo teníamos la convicción de acuerdo a las Escrituras de que el matrimonio y la familia, según el diseño de Dios, son cosas a partir de las cuales construir juntos la vida, en vez de cosas a las que llegar con el transcurso de los años, si es que había tiempo. Si hubiéramos visto el matrimonio como una piedra de remate, supongo que habríamos seguido de novios durante años, cada vez más propensos a la tentación sexual, todo en nombre de ahorrar dinero, obtener otro título o viajar por Europa. Pablo les dijo a los cristianos en Corinto que si no podían dominarse, debían casarse, ya que es preferible casarse que quemarse (1 Corintios 7:9). No nos diseñaron para buscar ninguna clase de intimidad sin haberse hecho antes el pacto del matrimonio. Pablo no está diciendo que debes casarte solo porque quieres tener sexo, pero si quieres tener sexo, necesitas casarte.

Lo triste es que los padres pueden convertirse en uno de los mayores obstáculos para que las personas se casen a una edad que nuestra cultura considera joven. Hay un estigma ligado a no estar establecido en la vida antes del matrimonio. Nadie define en realidad lo que significa estar «establecido», pero casarse joven ahora es un tabú, y puede que los padres se sientan avergonzados o inseguros cuando la respuesta de los amigos ante el compromiso de su hijo o su hija sea: «Ah, tan joven».

Los padres también pueden citar razones financieras, pero las ramificaciones de esto están lejos de ser insignificantes. Los padres que insisten en que sus hijos retrasen el matrimonio hasta que acumulen recursos sugieren que la inestabilidad financiera es una preocupación mayor que la inmoralidad sexual. En mi contexto, veo esto con regularidad en las familias cristianas. Para ser justos, creo que no saben lo que comunican con sus acciones. ¿De veras creen los cristianos que la inmoralidad sexual no es un problema tan grande como vivir austeramente durante los primeros años de matrimonio? Lo dudo mucho, pero la sabiduría del mundo es tan insidiosa que los padres no solo han recibido la influencia de la idea del matrimonio como una piedra de remate, sino que ahora, sin saberlo, la promueven entre sus hijos.

Un comentario aparte: Es posible que los padres digan que sus objeciones no son financieras ni sociales. En vez de eso, puede que cuestionen el juicio de su hijo o su hija que quiere casarse porque les preocupa que no entienda el peso de ese compromiso o tal vez no le atraiga esa persona cuando salga de sus últimos años de adolescencia o de sus veinte y tantos años. Y hay razón para estas preocupaciones. Mis hijos todavía no están en edad de casarse, así que estoy seguro de que tendré que luchar con eso. Sin embargo, esos mismos padres ya deben haber instruido a sus hijos acerca de la seriedad del matrimonio, y deben haberles dado el ejemplo de un compromiso a lo largo de la vida y a pesar de las circunstancias. Cuando enseño sobre el tema del matrimonio, a menudo les digo a nuestra congregación y a nuestros estudiantes universitarios: «¿Cómo sé que Krissie es la mujer ideal para mí? Me casé con ella». Dios está comprometido con la relación de matrimonio. Si estás casado o casada, esa es la persona con la que Él quiere que estés.

Un joven de nuestra iglesia tuvo un fuerte conflicto con sus padres con respecto al tema de si debía terminar la universidad antes de casarse. Aunque no es irrazonable por completo que los padres le pidan a su hijo que termine sus estudios universitarios antes de casarse, él y su novia (ahora esposa) habían sido novios durante bastante tiempo, y no había otra cosa que les impidiera casarse que no fuera la graduación de la universidad. Reflexionando sobre ese conflicto con sus padres, me dijo que de veras creía que se habrían enojado menos si él y su novia hubieran decidido vivir juntos sin casarse que con la decisión de casarse antes de su graduación. Sus padres son cristianos profesantes. En un mundo donde el matrimonio es una piedra de remate en vez de una piedra angular, esta historia no es aislada. Quizá los padres de adultos jóvenes olviden cómo empezaron ellos mismos, que tal vez se casaran jóvenes (como era la práctica acostumbrada en las anteriores generaciones). Sin embargo, casarse más tarde (o con dinero en el banco) no puede proteger a un hijo o una hija adultos de las luchas que trae consigo el matrimonio. La visión del matrimonio como una piedra angular acepta los desafíos que vienen con dos pecadores que edifican juntos sus vidas y ven las pruebas como parte del proceso de crecer en Cristo como esposa y esposo.

La idea de los problemas financieros es bastante subjetiva también. Vivir en un apartamento pequeño y no poder comprar siquiera el teléfono inteligente de última moda parece una tragedia para los padres que criaron a sus hijos en la opulencia; en cambio, ¿cuán rápido tienden esos padres a olvidar que lo más probable es que no vivieran como personas de cincuenta y cinco años cuando tenían veintidós y eran recién casados? Si esperas para casarte hasta que logres lo que sea y cuando sea, es inevitable que el matrimonio se convierta en una piedra de remate, mientras que las relaciones de citas amorosas tal vez sigan siendo una parte de la vida. Esto puede preparar a las personas para una vida fuera del diseño de Dios para las relaciones íntimas. Además, la iglesia local puede y debe servir como un refugio para las nuevas parejas, convirtiéndose en la clase de comunidad familiar y sacrificial que les permita a los cristianos entrar en el matrimonio sin la preocupación de encontrarse a la deriva financieramente al enfrentar necesidades imprevistas.

Recuerdo cuando por fin tuve el valor para tener «la conversación» con mi actual suegro. Cuando le pides permiso a un hombre para casarte con su hija, casi siempre te pregunta: «¿Cómo piensas mantener a mi hija?». Eso era lo que esperaba escuchar, y tenía miedo de la pregunta, pues no tenía una respuesta certera. Nuestro plan después de la boda era ir al seminario, donde yo sería un estudiante de postgrado a tiempo completo y Krissie trabajaría. Mi respuesta a la famosa pregunta habría sido: «Mi plan para mantener a su hija es que, en realidad, ¡ella me va a mantener a mí!». Siempre me sentiré agradecido de que mi suegro nunca me hizo la pregunta. Solo nos dio su apoyo y su bendición. Las finanzas no le preocupaban. Sabía que estábamos comprometidos con Cristo y el uno con el otro y que queríamos casarnos, y nos apoyó.

En ese momento no me di cuenta de lo contracultural que estaba siendo mi suegro. Sin embargo, al volver la vista atrás, ahora me doy cuenta de que veía el matrimonio como una piedra angular, y no solo en teoría, sino que lo vivió y también era lo que quería para su hija. Krissie y yo nos casamos y nos mudamos a nuestro pequeño apartamento en el seminario. Era anticuado, olía raro y de seguro que no era la casa de los sueños de nadie. Pagábamos nuestras cuentas gracias al trabajo de mi esposa como secretaria y a los turnos que yo hacía como guía de museo entre las clases del seminario. Nuestros padres nos dejaron tener los autos que habíamos estado manejando hasta ese momento, y mis padres pagaron generosamente por mis clases del seminario. Mi esposa y yo recordamos nuestros días en el apartamento del seminario con mucha alegría. Cierto, no podíamos comer en restaurantes tanto como nos habría gustado, y compramos nuestro sofá en una venta de garaje y teníamos el paquete de cable más básico que puedas imaginarte. Aun así, estábamos juntos como esposo y esposa, construyendo nuestras vidas desde la piedra angular de un pacto matrimonial. Cuando visitábamos a nuestros padres durante las vacaciones, nos parecía que estábamos en hoteles cinco estrellas comparado con el lugar donde vivíamos, pero lo que lo hacía mejor era que podíamos ir juntos, no en un falso matrimonio llamado noviazgo, con la tentación sexual sobre nosotros todo el tiempo, sino como dos personas comprometidas la una con la otra, viviendo en el diseño de Dios.

> **Cuando rompemos el diseño de Dios, debemos esperar el quebrantamiento, no la felicidad.**

En la iglesia donde sirvo como pastor, los estudiantes universitarios casi siempre se comprometen y se casan poco después de la graduación. En ocasiones, vemos a estudiantes que se casan mientras todavía están estudiando en la universidad. Sin duda alguna, los miembros de nuestra iglesia que sirven como consejeros prematrimoniales se aseguran de que las jóvenes parejas sean conscientes de los retos de casarse mientras todavía están estudiando, pero celebran la decisión si ambas partes tienen una actitud seria con respecto al compromiso. Creo firmemente que los cristianos no deben estar en una cruzada contra la cultura de la pureza y, a la vez, estar en contra de casarse joven. Esto no es porque la cultura de la pureza no tuviera fallas serias, sino más bien porque oponerse al matrimonio elimina la primera opción viable. Si el llamado de la Escritura es a la pureza sexual, y si un cristiano quiere casarse, ¿por qué otros cristianos le bloquearían el camino? ¿Por qué alguien puede contender por la verdad de la resurrección de Cristo o por el llamado de amar al prójimo pero encogerse de miedo cuando ve a una pareja que desea seguir el claro diseño de Dios para el matrimonio y la sexualidad, que está convencida de que desea vivir de acuerdo al llamado de Pablo a los corintios de que es mejor casarse que cometer inmoralidad sexual? A medida que las iglesias han empezado a promover un énfasis en la autorrealización y en la búsqueda de las cosas que pueden retardar el matrimonio (o incluso dejan de promover el matrimonio como una opción legítima para los adultos jóvenes), estamos viendo un patrón de cristianos profesantes que consideran normal la soltería a largo plazo sin la expectativa del celibato. Sin embargo, la Biblia no tiene cláusulas de exención para las personas que tienen un noviazgo. Si el matrimonio no es una realidad para un cristiano, la pureza sexual todavía se espera y se demanda.

Esto no se debe a que Dios tenga reglas por amor a las reglas, aunque de seguro que tiene el derecho, sino porque Dios está interesado en su propia gloria y en quienes son sus portadores. Imagínate un mundo donde, aparte de la sorpresa inicial, una mujer no tenga que sentirse aterrorizada cuando una prueba de embarazo sale positiva. Piensa en un mundo en el que, después de entregarte a una persona sexualmente, no hay ninguna ansiedad por no reconocerte en público. Hay libertad cuando una pareja se compromete a practicar el sexo en el contexto de una relación de pacto de por vida que Dios diseñó (llamada matrimonio), donde el esposo se compromete a amar a su esposa como Cristo amó a la Iglesia y la esposa se compromete a respetar a su esposo.

Cuando rompemos el diseño de Dios, debemos esperar el quebrantamiento, no la felicidad. Sin embargo, vivir el diseño de Dios no es una ilusión, ¡es posible por completo! La sabiduría del mundo con respecto al matrimonio es ahorrar dinero, salir con muchas personas, tachar muchas cosas de tu lista de deseos y, entonces, si estás listo para asentarte, darle una oportunidad al matrimonio. Por fortuna, Dios muestra con exactitud su voluntad para su pueblo. Pablo nos ofrece una mirada increíblemente útil en la mente de Dios: «La voluntad de Dios es que sean santificados» (1 Tesalonicenses 4:3). ¡Hablando de ser lo más claro posible! Las personas hacen búsquedas, luchan con Dios, se pasan la noche dando vueltas en la cama y hasta hacen peregrinaciones, todo con el objetivo de encontrar la voluntad de Dios, y aquí Pablo la pone justo delante de nosotros. Nos dice que la voluntad de Dios es nuestra santificación, nuestro crecimiento en santidad. Pablo, escribiendo bajo la inspiración del Espíritu Santo, a continuación les da a los cristianos un ejemplo específico de cómo se ve la santificación: «que se aparten de la inmoralidad sexual» (versículo 3). Más claro imposible. La voluntad de Dios es nuestra santificación, nuestra pureza sexual. Pablo va un paso más allá para describir cómo es eso y luego llega al punto principal: «que cada uno aprenda a controlar su propio cuerpo de una manera santa y honrosa, sin dejarse llevar por los malos deseos como hacen los paganos, que no conocen a Dios» (versículos 4-5). Dios espera que su pueblo, tanto los casados como los solteros, controlen sus cuerpos en lo que respecta a la tentación sexual. Negarse a hacer eso es volverse semejante a las personas que no conocen a Dios. Nunca nos diferenciamos más del mundo que cuando sometemos nuestros cuerpos a Aquel a quien pertenecemos en primer lugar: Dios mismo. Cuando evitamos la inmoralidad sexual, cumplimos la voluntad de Dios para nosotros. Dios nos advierte: «Huyan de la inmoralidad sexual» (1 Corintios 6:18), no nos dice que coqueteemos con ella, que lleguemos tan cerca de la línea como sea posible y ni siquiera que comprobemos cuán resistentes podemos ser en ese momento. Ver el matrimonio como una piedra de remate y, mientras tanto, practicar las citas amorosas, no se alinea con la sabiduría de Dios, sino con la del mundo. En 1 Juan se dice que «el mundo se acaba con sus malos deseos, pero el que hace la voluntad de Dios permanece para siempre» (2:17).

El matrimonio, por otra parte, de seguro que no se acaba. Observamos este tema en común a lo largo de las Escrituras:

El relato de la creación en Génesis 2:18-25:

Luego Dios el SEÑOR dijo: «No es bueno que el hombre esté solo. Voy a hacerle una ayuda adecuada». Entonces

Dios el Señor formó de la tierra toda ave del cielo y todo animal del campo, y se los llevó al hombre para ver qué nombre les pondría. El hombre les puso nombre a todos los seres vivos, y con ese nombre se les conoce. Así el hombre fue poniéndoles nombre a todos los animales domésticos, a todas las aves del cielo y a todos los animales del campo. Sin embargo, no se encontró entre ellos la ayuda adecuada para el hombre. Entonces Dios el Señor hizo que el hombre cayera en un sueño profundo y, mientras este dormía, le sacó una costilla y le cerró la herida. De la costilla que le había quitado al hombre, Dios el Señor hizo una mujer y se la presentó al hombre, el cual exclamó:

«Esta sí es hueso de mis huesos
y carne de mi carne.
Se llamará "mujer"
porque del hombre fue sacada».

Por eso el hombre deja a su padre y a su madre, y se une a su mujer, y los dos se funden en un solo ser. En ese tiempo el hombre y la mujer estaban desnudos, pero ninguno de los dos sentía vergüenza.

Jesús, en Mateo 19:4-6: «¿No han leído —replicó Jesús— que en el principio el Creador "los hizo hombre y mujer", y dijo: "Por eso dejará el hombre a su padre y a su madre, y se unirá a su esposa, y los dos llegarán a ser un solo cuerpo"? Así que ya no son dos, sino uno solo. Por tanto, lo que Dios ha unido, que no lo separe el hombre».

Pablo, escribiendo a los efesios alrededor del año 62 d.C.: «Por eso dejará el hombre a su padre y a su madre, y se unirá a su esposa, y los dos llegarán a ser un solo cuerpo» (5:31).

El escritor de Hebreos: «Tengan todos en alta estima el matrimonio y la fidelidad conyugal, porque Dios juzgará a los adúlteros y a todos los que cometen inmoralidades sexuales» (13:4).

Comenzando en Génesis, y a lo largo de toda la Biblia, Dios destaca el matrimonio como el modelo. La soltería es grandiosa, y el matrimonio es grandioso. Sin embargo, una clase de relación poco definida y flexible no lo es. Dios creó el matrimonio para que fuera una piedra angular. Vivamos su voluntad con respecto a nuestra santificación al huir de la inmoralidad sexual hasta que estemos preparados para entrar en una relación que conduzca al matrimonio.

6

MENTIRA N.° 3:
«La pornografía es la norma»

La revista *Sports Illustrated* era una favorita de los fanáticos del deporte antes de la era del internet, yo incluido. Una vez a la semana los fanáticos recibían la revista, ansiosos por ver las fotos y los comentarios sobre los eventos deportivos de la semana anterior. Uno de los grandes honores en el deporte durante esa época era aparecer en la portada de la revista. Recuerdo que, cuando era niño, iba corriendo a revisar el buzón de correos para ver si había llegado el último número, y casi siempre trataba de adivinar qué atleta o equipo estaría en la portada, basado en todo lo sucedido en el mundo del deporte esa semana. Sacaba la revista del buzón, corría a mi habitación y disfrutaba cada página.

Sin embargo, había una semana cada año en la que no me permitían leer la revista, cuando llegaba la «Edición anual de bañadores». Mi papá me quitaba esa revista de las manos y la botaba. No quería que su hijo de once años estuviera viendo todo un número dedicado a mostrar mujeres en atrevidos bañadores. En ese tiempo pensaba que era un aguafiestas, pero al volver la vista atrás, me siento agradecido de que mi papá protegiera mis ojos y mi mente de algo a lo que no necesitaba exponerme: los cuerpos de mujeres que no eran mi esposa. Mi papá me libró de la pornografía sutil.

Aunque el número de *Sports Illustrated* dedicado a los bañadores no mostraba mujeres desnudas en ese tiempo, era lo más cercano a las fotos de mujeres desnudas que muchos niños de mi edad podían ver, a menos que tuvieras un amigo con un hermano mayor rebelde que comprara las revistas *Playboy* en el mostrador de una gasolinera. No obstante, aunque el acceso a la pornografía no era necesariamente fácil, el «sexo como entretenimiento» y una creciente explotación y celebración del sexo se estaban adueñando de los programas de televisión y de los vídeos musicales en MTV. Las series dramáticas de televisión dirigidas a las audiencias más jóvenes mostraban personajes en el instituto que tenían relaciones sexuales por primera vez, y la incorporación completa del sexo en la industria del entretenimiento ya no estaba reservada para los cines que proyectaban películas no aptas para menores en una parte sospechosa del pueblo. En la actualidad, las escenas de sexo en las películas y en las series de televisión son normales y parecen inevitables. Esto es importante, pues rara vez he conocido a alguien que empezó a ver pornografía con una película no apta para menores, salida directamente de la industria de la pornografía. El vicio de la pornografía tampoco comienza casi nunca con materiales del reino de Hugh Hefner o Larry Flynt. Casi siempre empieza con simples expresiones de lujuria. Una escena de una película convencional, una foto en Instagram de un viaje a la playa, o un anuncio publicitario de algún blog de estilo de vida o de una compañía de ropa. Casi siempre empieza «pequeño». Y, en la actualidad, las personas ni siquiera tienen que buscar contenidos lujuriosos o sexuales para que estos los inunden.

«La primera parte de la palabra, "porné", significa inmoralidad y la segunda parte, "grafía" significa escribir, dibujar o describir. La pornografía se trata de describir, imaginar y fantasear acerca de la inmoralidad»[1]. Nos engañamos a nosotros mismos pensando que podemos excusar el pecado sexual si no estamos involucrándonos en acciones físicas con otra persona, pero Jesús habló sobre la seriedad de fantasear con la inmoralidad cuando dijo: «Ustedes han oído que se dijo: "No cometas adulterio". Pero yo les digo que cualquiera que mira a una mujer y la codicia ya ha cometido adulterio con ella en el corazón» (Mateo 5:27-28). Dios ve nuestros corazones y nuestras mentes incluso si otros no lo pueden hacer.

El mundo también se contradice a sí mismo en este aspecto, pues a pesar de que celebra casi cualquier expresión de sexo, no es difícil encontrar personas no cristianas que se oponen a la industria de la pornografía. Es ampliamente conocido que fomenta la industria del tráfico de personas y que atrapa a personas vulnerables. El hecho de que la pornografía sigue siendo una industria de miles de millones de dólares muestra el nivel de quebrantamiento en nuestro mundo y el predominio de conductas depredadoras con un total desinterés por el bien de los demás. No necesito convencer a los lectores de este libro acerca de los peligros y del daño de la pornografía. Los cristianos que aconsejo que batallan con la adicción a la pornografía son del todo conscientes de lo que le puede hacer a la mente y a los hábitos de alguien, y de los efectos trágicos que puede tener en las relaciones y en los matrimonios. Sin embargo, mi temor es que en este momento de auge de la cultura contraria a la pureza en el que se encuentra la iglesia, deseando evitar que los llamen fundamentalistas o «esa clase de cristiano», muchos se están volviendo pasivos en la forma de ver el entretenimiento, y otros rechazan la idea de la modestia. Me gustaría hablar sobre el entretenimiento y la modestia aquí, debido a que nos impactan a todos, no solo a quienes tienen una debilidad por la lujuria o la pornografía.

EL ENTRETENIMIENTO:
UN PACTO CON MIS OJOS

Cuando recuerdo que mi papá no me permitía ver el número de los bañadores de *Sports Illustrated*, extraño la época en la que proteger a tus hijos de la tentación se consideraba algo amoroso. Hoy en día, sobre todo en las redes sociales, el solo hecho de mencionar lo que uno no debe ver, hace que los demás lleguen de inmediato a la conclusión de que eres culpable de cosificación. Estas rápidas reacciones acusatorias también están viniendo de parte de los cristianos, muchos de los cuales están listos para tildarte de opresor, misógino o de que estás cosificando a tus hermanas en Cristo. Debido a la falta de conversaciones serias entre los cristianos, en la actualidad es muy difícil navegar por un mundo donde la pornografía es la norma, en especial a la hora de definir con exactitud lo que es inapropiado. Los cristianos se han vuelto insensibles a la realidad de la pornografía. A algunos les preocupa el mundo del entretenimiento, porque consideran que el arte y el espectáculo cristianos están por debajo de la calidad de lo que produce el mundo secular. Como resultado, casi siempre en el espíritu de mostrar que no son aburridos ni sobreprotegidos, muchos tienen el deseo de acoger cualquier película o serie de televisión que esté viendo la sociedad a su alrededor.

Hace algunos años, Kevin DeYoung escribió acerca de su confusión de por qué a los cristianos les gustaba la popular serie *Juego de Tronos*, y preguntaba: «¿En realidad alguien piensa que cuando Jesús advirtió acerca de mirar a una mujer con codicia (Mateo 5:27), o cuando Pablo nos dijo que evitáramos toda indicación de inmoralidad sexual y ni siquiera habláramos de las cosas que este mundo hace en secreto (Efesios 5:3-12), que de alguna manera esto significaba: Vayan y vean a hombres y mujeres desnudos teniendo (o fingiendo tener) sexo?»[2]. Cuando leí por primera vez el breve artículo de Kevin en el 2017, durante el momento de mayor popularidad de ese programa, enseguida pensé: «Ah, pisó un nido de avispas; las personas van a perder la cabeza» y, justo en ese momento, los cristianos arremetieron en su contra. DeYoung escribió otra publicación con las objeciones que recibió de parte de cristianos profesantes que estaban molestos o no estaban de acuerdo con sus convicciones. Una de las objeciones que publicó era esperada: «¡Deja de juzgar y de avergonzar!»[3]. El artículo no denigraba a nadie ni dejaba a las personas sin esperanza; solo preguntaba cómo ver dicho programa era sabio o permisible para alguien que decía ser seguidor de Jesucristo. Aquí es donde estamos en este momento cultural. Habla directamente sobre la inmoralidad sexual, incluyendo la de la mente, y te habrás pasado de la raya. ¡Y esto es dentro del mundo cristiano! Otra objeción era que «la mayoría de los programas de televisión tienen elementos buenos y malos», sugiriendo que la historia y los actores son más importantes que las escenas explícitas[4]. Eso me recuerda las bromas que hacían las personas cuando yo era niño sobre tan solo leer *Playboy* por los artículos o ir al restaurante *Hooters* por las alitas de pollo.

DeYoung concluye su artículo afirmando que en el «centro del asunto» hay «una suposición implícita; es decir, que involucrarnos en el entretenimiento sensual es, de alguna manera, una zona gris de la libertad cristiana»[5]. ¿Ahora es un legalismo y una deshonra solo decir que este asunto está claro en las Escrituras? Parece que sí, dadas nuestras reacciones como sociedad hacia la memoria de la cultura de la pureza. Si puedes encontrar «un solo argumento convincente que apoye la legitimidad de los cristianos de ver escenas gráficas de sexo»[6], habrás logrado algo que ningún teólogo antes que tú logró, y debes unirte a la próxima expedición de Pie Grande. DeYoung pregunta:

¿Alguien cree de veras que el apóstol Pablo (o cualquier otro apóstol, o Jesús en realidad) habría estado de acuerdo con la sensualidad que prevalece en *Juego de Tronos* (y en gran parte de nuestro entretenimiento)? No estamos hablando de estatuas de mármol, de un documental sobre el Holocausto ni de un médico examinando a un paciente. Estamos hablando de dos personas desnudas haciendo delante de nosotros lo que dos personas desnudas hacen juntas. Saca el medio de la televisión de la escena. ¿Entrarías a una habitación privada y mirarías por un hueco para ver eso? ¿Podría alguien pensar que esa es la clase de cosas por las que tenemos que dar gracias? ¿O la clase de cosas que hacen los cristianos maduros?[7]

Uno puede sentir cómo su tono cambia de la confusión a la frustración. Se supone que los cristianos no son de este mundo, y no puedo evitar sentir temor por lo que sucederá en la mente de quienes pueden justificar ver escenas de sexo en el cine o en la televisión sin incomodarse. En cierta ocasión, tuve una conversación con un individuo que era incapaz de tener relaciones sexuales con su esposa debido al mundo de pornografía en línea en el que estaba inmerso por completo. Las escenas sexuales que veía a diario habían desensibilizado su mente y su cuerpo. Las imágenes de fantasía de su mundo en línea se convirtieron en algo normal en su mente, y esto le impedía involucrarse sexualmente con su esposa. Eso fue una tragedia y tuvo graves consecuencias en su matrimonio. Sin embargo, menciono esta historia porque su tránsito por ese oscuro camino de la pornografía no empezó con intensas escenas no aptas para menores que veía en la computadora, sino con anuncios que mostraban a mujeres con ropas reveladoras que aparecían en las columnas de sus redes sociales. Cuando esas escenas se le metieron en la mente, quiso más y el camino continuó a un género de pornografía que no hay otra manera de explicarlo que no sea una oscuridad y una inmundicia absoluta.

Cuando yo estaba en el instituto, uno de mis líderes juveniles hizo que los chicos de nuestro grupo de estudio bíblico memorizaran un versículo que me siento agradecido de recordar todavía en la actualidad. En mis épocas de debilidad y vulnerabilidad con respecto a la lujuria, todavía resuena en mi mente. Se trata de Job 31:1: «Yo había convenido con mis ojos no mirar con lujuria a ninguna mujer». Ese es un versículo muy fácil de memorizar, y se alinea con las palabras del salmista: «En mi corazón atesoro tus dichos para no pecar contra ti» (Salmo 119:11).

Hablando con una audiencia mucho tiempo antes del internet, Jesús dejó muy clara su posición con respecto a la lujuria usando una hipérbole: «Si tu ojo derecho te hace pecar, sácatelo y tíralo. Más te vale perder una sola parte de tu cuerpo, y no que todo él sea arrojado al infierno. Y, si tu mano derecha te hace pecar, córtatela y arrójala. Más te vale perder una sola parte de tu cuerpo, y no que todo él vaya al infierno» (Mateo 5:29-30). Qué declaración. Si bien Cristo no sugiere que los cristianos se automutilen si ceden ante la lujuria, su expectativa es que estemos dispuestos a tomar medidas drásticas para buscar la santidad. No solo estamos tratando de vencer los deseos lujuriosos por el simple hecho de vencerlos. Tampoco estamos tratando de ganar la batalla contra la lujuria porque tenemos familias y queremos ser cónyuges fieles. Queremos ganar la batalla porque somos seguidores de Jesucristo. Él es merecedor de nuestras vidas, y nos llama a esforzarnos por vivir una vida de pureza. La voluntad de Dios para su pueblo es que huyamos de la inmoralidad sexual (1 Corintios 6:18). A Dios le interesa su gloria y desea que su pueblo no dañe sus vidas con la adicción sexual y las relaciones quebrantadas. Como el pueblo redimido de Dios, el llamado es a que «imiten a Dios, como hijos muy amados, y lleven una vida de amor, así como Cristo nos amó y se entregó por nosotros como ofrenda y sacrificio fragante para Dios. Entre ustedes ni siquiera debe mencionarse la inmoralidad sexual, ni ninguna clase de impureza o de avaricia,

porque eso no es propio del pueblo santo de Dios» (Efesios
5:1-3). La inmoralidad sexual y el llamado que Dios les hace
a sus hijos son opuestos por completo. Somos posesión suya.
Nuestro propósito para la pureza es Cristo.

Cuando aconsejo a hombres, los llevo a las palabras de Cristo cuando dice que nos saquemos los ojos y nos cortemos las
manos si nos llevan a pecar, y solo les pregunto qué están dispuestos a eliminar de sus vidas para resistir la tentación. ¿Estás
dispuesto a tener los inconvenientes del primer mundo de un
teléfono sin internet ni datos? ¿Estás dispuesto a cancelar tu
cuenta de Netflix? ¿A tener solo una computadora en un lugar
compartido donde tu cónyuge o compañero de cuarto sea el
que tenga que conectarte? ¿A desconectarte del internet? Cuando hago sugerencias de este tipo, a menudo se ríen por exageradas y extremas, o se encogen de hombros por ser poco realistas.
No obstante, pienso en Jesús cuando le dijo al joven rico que
vendiera todo lo que tenía y lo siguiera (Mateo 19). El relato
nos dice que el hombre se alejó triste porque tenía muchas posesiones. En otras palabras, no estaba dispuesto a hacer lo que le
pidió Jesús. Y se perdió a Jesús.

Estoy convencido de que las personas tienen que estar dispuestas a hacer lo que sea necesario para ganar la batalla contra
la lujuria que se exhibe en la pornografía, y eso parece ser lo
que Jesús ordenaba con su lenguaje hiperbólico. A pesar de lo
anticuado o inconveniente como pueda parecer, puede que sea
mejor no tener cable o internet en la casa. Lo que puede parecer
tonto para otros, o incluso en tu propia mente, no necesita ser
complicado. Más bien necesitas responder esta sencilla pregunta:
«¿Vale la pena?». O, dicho más directamente, ¿a qué señor vale
la pena servir? Los teléfonos inteligentes apenas tienen quince
años, y ya parece una locura sugerir que alguien viva sin uno;
así de tanto nos hemos acostumbrado a las cosas de este mundo.
Decimos que seguimos a Jesús, pero no tanto como para que
interfiera en nuestras elecciones para el entretenimiento o con

nuestras comodidades. ¿Es la vida con Cristo lo suficientemente valiosa como para que hagamos lo que sea necesario para despojarnos del pecado que nos asedia (Hebreos 12), o estamos en un punto en el que es de legalista hacer tal pregunta?

LA MODESTIA: TODOS TENEMOS UN PAPEL

Esta conversación no solo es para las personas adictas o que se sienten tentadas por la pornografía. Es para todos nosotros. Cada uno de nosotros como cristianos tenemos que estar dispuestos a sopesar con seriedad nuestras acciones y pensamientos en nuestra búsqueda de Cristo. Temo que la iglesia estadounidense en general tiene tanto miedo de que la tilden de opresiva o problemática que ya no podemos sostener ninguna clase de conversación sobre la ética sexual. Otro aspecto en el que con frecuencia también sucede esto es cuando hablamos sobre la modestia. No estoy implicando en lo absoluto que la lujuria de un hombre sea por culpa de la mujer. Por supuesto que no. No obstante, estoy diciendo que todos los creyentes están sometidos a Cristo y tienen que obedecer sus mandamientos. Por lo tanto, mientras que algunas personas necesitan la ayuda del Espíritu para no mirar con lujuria, puede que otras necesiten la ayuda del Espíritu para no desear esa atención. Como hombre, tengo dudas de siquiera traer a colación el tema, aunque creo firmemente que hay mucho que decir. Así que me voy a apoyar en las palabras de mujeres que han hablado sobre el asunto.

En un breve y útil artículo sobre la modestia, Megan Hills escribe: «Los cristianos que condenan el legalismo de la cultura de la pureza evitan las enseñanzas que procuran establecer estándares para la forma de vestir y la conducta sexual especialmente dirigidas a las mujeres y que no se mencionan de manera específica en las Escrituras». Por otra parte, el mundo incrédulo elimina todos los límites para la autoexpresión sexual y arremete contra cualquier intento por corregir las elecciones de alguien»[8].

No obstante, en la iglesia no debe ser así, pues si queremos vivir los mandamientos de «unos a otros» que aparecen en las Escrituras, «nos vestimos como personas que pertenecen a otras personas»[9]. El lenguaje de los grupos juveniles de no ser piedra de tropiezo para otros tiene su fundamento bíblico (Romanos 14:13). Tenemos la responsabilidad con nuestros hermanos y hermanas en Cristo de comportarnos de maneras que los edifiquen en su búsqueda de la santidad (Romanos 14:19-20). Y, lo más importante, nos sometemos a un Padre cuya autoridad llega incluso a regir en nuestra elección de la ropa que nos ponemos cada día. «Para el hijo de Dios, las opciones para vestirse no son ilimitadas»[10].

Hill plantea muchos buenos argumentos para la modestia que se centran en la idea de que contamos una historia con la ropa que usamos y debemos asegurarnos de que decimos la verdad. Reconoce que la modestia se aplica tanto a los hombres como a las mujeres, pero también señala que ambos géneros son únicos en sus formas y deben honrar a Dios en esa unicidad. «Cubrir ciertas partes no niega el hecho de la sexualidad que Dios nos ha dado ni pretende disminuir nuestra belleza. Por el contrario [...] tratar esas partes con modestia es una señal de que honramos su importancia»[11]. Como hombre, entiendo que escribir sobre estas cosas es, en el mejor de los casos, un tabú, y en el peor, que estoy pidiendo que me lancen piedras, así que me voy a apoyar en las palabras de Megan. Megan cita a otra sabia mujer, Elisabeth Elliot, quien dice: «El hecho de que soy una mujer no me convierte en una clase diferente de cristiana, pero el hecho de que soy cristiana me convierte en una clase diferente de mujer»[12]. De modo que Hill concluye: «Dios te hizo una mujer. Vístete como tal»[13]. O, para incluir también a los hombres, como mi colega pastor Dwayne Carson solía decir: «Para los cristianos, debe ser diferente».

El objetivo de nuestra vida nunca debe ser expresarnos nosotros mismos, sino más bien amar a Dios y a nuestro prójimo.

Ninguno de nosotros, sin importar nuestro género, solo viste para sí mismo. Ya sea que nos vistamos de manera consciente para obtener la aprobación de otros, no vivimos aislados. Nuestras decisiones (y, en ocasiones, nuestros armarios) impactan a otras personas. Casi todos nosotros recordamos la presión cuando teníamos que comprar ropa en la secundaria o en el instituto, pues lo que usabas era una declaración social que comunicaba tu identidad o afiliaciones. Dependiendo de lo que usaras, podían recibirte o rechazarte en algunos grupos. La realidad es que, incluso como adultos, muchos de nosotros todavía elegimos nuestra ropa de acuerdo a estas razones, ya sea para mostrar los bíceps, el escote o cualquier parte del cuerpo que queremos que vean otros. Casi siempre hay un elemento actoral, un deseo de comunicar algo sobre nuestra identidad. Ese mensaje puede ser: «Fíjense en mí; estoy soltera o soltero», o solo: «Me visto de acuerdo a la última moda». El estilo personal es una parte fundamental de nuestra cultura expresiva, y no creo que sea inherentemente malo, pero para esos de nosotros que seguimos a Cristo, la autoexpresión y la admiración por nuestros cuerpos no es la meta. El amor a Dios y a nuestro prójimo es la meta, y debe impactar cada aspecto de nuestras vidas, incluso cuando no tiene sentido para el mundo y va en contra de nuestros instintos de mostrar algo a los demás. En sus cartas pastorales, el apóstol Juan habla de nuestras luchas como creyentes mientras nos esforzamos para no vivir de acuerdo a la sabiduría y a los valores de este mundo, como sucede cuando tenemos las prioridades equivocadas. Escribió: «No amen al mundo ni nada de lo que hay en él. Si alguien ama al mundo, no tiene el amor del Padre. Porque nada de lo que hay en el mundo —los malos deseos del cuerpo, la codicia de los ojos y la arrogancia de la vida— proviene del Padre, sino del mundo» (1 Juan 2:15-16). Juan enumera tres categorías de cosas «que no provienen del Padre»:

Los malos deseos del cuerpo

Esto se puede parafrasear como «quiero sentir eso». En nuestro estado pecaminoso, somos propensos a querer ser deseados, incluso a ser *deseados* de manera romántica por otros, aunque no tengamos la intención de que ese deseo culmine en alguna actividad física real. Todos hemos visto amigos que publican fotos en bañador en las redes sociales con cadenas de comentarios con emoticonos provocativos y palabras dramáticas como «deslumbrante» o «impactante». La naturaleza humana quiere sentir todo lo que viene con una larga cadena de comentarios que responden de manera positiva a una publicación que muestra la apariencia física de la persona. Es más, para algunas personas es normal publicar una foto manipulada en un bañador específico con ese solo propósito: alimentar los deseos de la carne. Es un golpe de dopamina, y puede ser adictivo. El deseo de sentirse atractivo es uno de los mayores obstáculos para las conversaciones sobre la modestia. Mi argumento no es decir que una persona no debe cuidar su apariencia, sino cuestionar la motivación que la conduce a ponerse lo que se pone, lo que publica o lo que expone.

La codicia de los ojos

Esto se puede parafrasear como «quiero tener eso». Alguien que se rige por la percepción exterior o la necesidad de estar siempre en la vanguardia de las tendencias puede parecer seguro, pero ése casi nunca es el caso. Los que están de veras seguros de sí mismos como cristianos se sienten seguros en Cristo. En vez de necesitar ser la anfitriona perfecta en Pinterest o tener la admiración de multitudes de seguidores en Instagram, los cristianos deben mirar a Cristo y a su iglesia en busca de guía y sentido de pertenencia. Sin embargo, esto es lo complicado: lo vemos como una respuesta de una clase de Escuela Dominical. Muchos creyentes todavía tienen luchas internas con querer que los vean y los reconozcan, pero la respuesta no se puede encontrar en nada aparte de Cristo.

Juan nos recordó que «el mundo se acaba con sus malos deseos» (1 Juan 2:17). Volver nuestros ojos con hambre y soledad a las cosas de este mundo no satisfará a nadie. Tenemos acceso a más información que nunca antes en la historia de la humanidad y, no obstante, pasamos las noches desplazándonos, actualizando, investigando y tratando de encontrar algo digno de amar y de seguir; alguien que nos muestre cómo vernos, cómo actuar y cómo sentirnos completos. Algo en nosotros nos dice que, si seguimos desplazándonos, encontraremos la felicidad. Sin embargo, hay una forma diferente de usar nuestros ojos, y es «puestos los ojos en Jesús» (Hebreos 12:2, rvr60). Jesús merece que solo lo miremos a Él. Jesús nunca pasará ni nos decepcionará. Y, en realidad, nos amará.

La arrogancia de la vida

Mi amiga una vez me dijo que «había trabajado muy duro para llegar a tener ese cuerpo, así que lo iba a mostrar todo lo que quisiera». Los dos primeros deseos (del cuerpo y de los ojos) se alimentan de este último. Debido a que quiero sentir eso y tener eso, mostraré lo que necesite mostrar. Mi amiga lo decía en respuesta a algunos comentarios que había recibido de amigas cristianas con respecto a algunas fotos que publicaba en línea. Esto también abunda entre los hombres, algunos de los cuales hacen ejercicios no por la salud, sino por el aplauso. (¿Te has dado cuenta de que esos chicos andan sin camisa siempre que tienen la oportunidad?). Tanto los hombres como las mujeres que sienten que se han ganado el derecho de exhibir sus cuerpos tienen que preguntarse a sí mismos por qué eso les resulta tan importante. La autoexpresión es el grito de batalla de una generación, y para un mundo perdido esto tiene mucho sentido. ¿Qué más hay después de eso? Sin embargo, para el creyente, las expresiones de sí mismo no pueden anclarse en el uso egoísta de los cuerpos que, al fin y al cabo, no son nuestros: «¿Acaso no saben que su cuerpo es templo del Espíritu Santo, quien está en ustedes y al que han recibido de parte de Dios? Ustedes no son sus propios dueños; fueron comprados por un precio. Por tanto, honren con su cuerpo a Dios» (1 Corintios 6:19-20). Sam Allberry, comentando sobre esta verdad, escribió que «si nuestros cuerpos pertenecen a Jesús, el único que debe complacerse con ellos es Jesús. Y Él es mucho más fácil de complacer en este sentido que nuestra cultura [...] Pablo nos insta a "que cada uno de ustedes, en adoración espiritual, ofrezca su cuerpo como sacrificio vivo, santo y agradable a Dios" (Romanos 12:1). Un cuerpo que es agradable a Jesús es un cuerpo que se ofrece a Él y que cumple sus propósitos».[14]

Ahora, para regresar a un importante descargo de responsabilidad, no se debe culpar a las mujeres por los impulsos lujuriosos de los hombres. Esto va mucho más allá de la actividad consensual hasta las violaciones sexuales y otras formas de abuso sexual, lo que nunca se debe atribuir a lo que alguien estaba usando. Esta clase de pensamiento dañino, y a decir verdad, demoníaco, debe rechazarse de plano por parte de cualquier persona con sentido común, y mucho más por los seguidores de Jesucristo. No obstante, cada uno de nosotros debe ser considerado con respecto a la forma en la que se conduce para no hacer que sea más fácil para otros pecar. Megan Hill escribe: «Esto también significa que haremos todo lo que esté a nuestro alcance para promover la santidad en los corazones y en las mentes de nuestros hermanos creyentes. Tenemos el llamado a "ser su santo pueblo" (1 Corintios 1:2). No queremos que nuestra ropa sea una razón para celos o lujuria. Puede que no sea nuestra responsabilidad si alguien peca, pero es nuestro privilegio ayudar a prevenirlo. Debido a que amamos a los santos y que *Cristo* ama a los santos, estamos dispuestos a escoger nuestra ropa para alentar la santidad dentro de la comunidad»[15].

No cabe duda de que somos un pueblo peculiar al ser el cuerpo de Cristo. Nuestra lógica nunca tendrá sentido para la sabiduría de este mundo, ya que la gloria de Dios y el amor al prójimo motivan nuestras vidas más que la autoexpresión o la satisfacción momentánea. Juntos nos esforzamos para «no poner tropiezos ni obstáculos al hermano» (Romanos 14:13). Después de todo, no somos de nosotros mismos.

Una cosas es escribir en Twitter sobre nuestras convicciones, pero otra cosa diferente por completo es ponerlas en práctica en nuestra propia casa con quienes tenemos el llamado de pastorearlos. Como padre de hijos varones, no tengo que preocuparme por un número de bañadores que llega al buzón de correos una vez al año, pero sí tengo que lidiar con la arremetida de imágenes que llegan a mis hijos cada día. La televisión, los anuncios, los sitios webs y hasta al desplazarse por las publicaciones en las redes sociales de sus amigos, todo eso los puede llevar a una senda muy lejos del compromiso de Job de no mirar con lujuria a una mujer. En vez de tratar de protegerlos del mundo a cada momento, quiero enseñarlos a vivir en este mundo con fidelidad. Una forma en la que estoy conduciendo a mis hijos a hacer esto es tratando de crear en mi hogar un alto nivel de respeto hacia las mujeres. Mis hijos saben que faltarle al respeto a su madre o hablarle con dureza a su hermana es absolutamente inaceptable. Tengo la esperanza de que, a medida que crezcan, vean su responsabilidad de ser hombres de Dios que valoren a las mujeres y que no las vean como objetos de lujuria, sino como personas creadas a imagen de Dios, dignas de respeto y honor. Mi oración es para que mi hija, a medida que recibe el respeto de sus hermanos y observa cómo interactúo con mi esposa, también tenga una expectativa de cómo los chicos deben tratarla. No me disculpo por eso y creo que es esencial que mis hijos varones entiendan que deben tratar a las mujeres de manera diferente a como tratan a los demás varones. No pretendemos que las mujeres y los hombres sean iguales.

Somos distintos unos de otros y eso es para la gloria de Dios. Sí, trato de protegerlos de la sexualización del mundo, pero lo que es más, quiero guiarlos para que vean el mundo de una manera diferente, a fin de que entiendan que no solo tienen una responsabilidad por su propia hermana, sino también por todas sus hermanas en Cristo.

MENTIRA N.° 4:
«No es malo ser gay»

Hace poco vi una especie de «fiesta de presentación» en las redes sociales. Una figura pública del mundo cristiano puso una foto suya con un anuncio que decía que era gay. Entre las palabras que estaban debajo del anuncio se podían leer líneas como «ser quien Dios lo hizo para que fuera», y me sorprendí de ver el apoyo y el aplauso de muchos líderes de ministerios, figuras públicas y autores cristianos en los comentarios. Esas mismas personas dicen que creen que Dios creó el matrimonio entre un hombre y una mujer, y que la Biblia tiene autoridad, la misma Biblia que es evidente que llama a la homosexualidad un pecado. ¿Qué está pasando?

Antes, los cristianos en general estaban de acuerdo en que un estilo de vida homosexual iba en contra de la ética sexual bíblica. Ahora, puedes encontrar cristianos que no solo afirman los estilos de vida LGBTQ, sino que también los celebran. Incluso los que afirman tener creencias evangélicas ortodoxas se pueden poner bastante sinuosos e incómodos, reacios a expresar lo que la Biblia dice con respecto a este tema. Hemos empezado a creer la retórica del mundo de que los deseos sexuales definen la identidad de una persona y que los individuos tienen toda la autoridad para determinar su propia identidad sexual, basados en los deseos que experimentan.

Lo que una vez estaba reservado para una rama progresista de cristianos, donde otras doctrinas tradicionales (tales como que Jesús nació de una virgen y la salvación solo es por medio de Jesucristo) a menudo se cuestionaban, ahora ha entrado en el evangelicalismo. «No es malo ser gay» ya no está reservado para los cristianos progresistas que hacen de la afirmación homosexual un dogma central de sus iglesias. Ahora estamos viendo esto penetrar en las iglesias que históricamente han tenido valores más conservadores. No podemos mantener un debate sobre ética sexual en un contexto evangélico posterior a la cultura de la pureza sin abordar el drástico cambio que se está produciendo con respecto a las iglesias y las relaciones entre personas del mismo sexo. A medida que la cultura sigue avanzando hacia una mentalidad posgénero, quienes deseen exponer una cosmovisión bíblica que apunte a la obra de Cristo tendrán que ser más claros que nunca respecto a lo que dicen las Escrituras sobre la homosexualidad. Lo lamentable es que tales iglesias son la minoría. Creo que hay dos tipos de iglesias primarias que se han separado de la enseñanza bíblica tradicional sobre este tema: los que lo apoyan de manera explícita, y los que lo apoyan de manera implícita, al negarse a tratar dicho tema.

LA IGLESIA DE «AMOR ES AMOR»

Las iglesias en esta categoría ahora son prominentes en las principales denominaciones y solo aseveran que la Biblia está pasada de moda o que está equivocada con respecto a la homosexualidad. Esta forma de pensar ha penetrado en el liderazgo de algunas iglesias evangélicas bajo la apariencia de «amar y afirmar a nuestro prójimo». Los que piensan así afirman que, siempre y cuando una persona ame de veras, su preferencia sexual es irrelevante y Dios la aprueba. Amor es todo lo que necesitas. Es más, algunos plantean que hablar en contra de cualquier clase de estilo de vida contradice el ejemplo de compasión hacia las demás personas que mostró Jesús. El problema principal, sin embargo, no es la sexualidad. El punto es si la Biblia tiene autoridad. Si la Biblia está equivocada, es ignorante o irrelevante, ¿para qué creerla en lo absoluto? ¿Para qué ser cristiano si no confías en las Escrituras y te burlas de la autoridad bíblica? Como Macklemore rapea en su canción del 2012 titulada «Same Love» [El mismo amor] con respecto a los que tienen confianza en la autoridad de la Biblia: «Parafraseamos un libro escrito hace tres mil quinientos años»[1]. Si eres un creyente profesante y esa es la opinión que tienes de la Santa Biblia, puede que estés perdiendo tu tiempo.

Hace muchos años, trabajé como pasante con el ministro sénior de una iglesia en los suburbios de Washington D.C. Estaba liderando un éxodo masivo de la Iglesia Episcopal para formar la Comunión Anglicana en los Estados Unidos. Su motivación para separarse fue la ordenación en el 2003 de Gene Robinson como obispo del estado de la diócesis de Nuevo Hampshire. Robinson había abandonado con anterioridad a su esposa para entrar en una relación homosexual, y todo eso mientras ejercía como sacerdote. ¿La respuesta de la iglesia? ¡Convirtámoslo en obispo!

Abandonar una denominación es una decisión muy seria y, en este caso, la diócesis episcopal era la dueña del edificio de la iglesia. No era algo tan simple como: «Ordenaron a Robinson, así que nos vamos mañana». Había abogados involucrados y se requería preparación. De inmediato, la iglesia celebró una reunión pública en cuanto se supo que Robinson se iba a convertir en el nuevo obispo, y nunca olvidaré las palabras de apertura del ministro sénior cuando tomó el púlpito para dirigirse a esta iglesia local que se organizó por primera vez a finales del siglo

XVIII. Estaba allí sentado como un joven pasante, esperando un sermón sobre las relaciones entre personas del mismo sexo, cuando dijo: «La decisión de abandonar la iglesia episcopal no se debe a la homosexualidad, sino a la Biblia». Fue un momento impactante y, al parecer, los que estaban en la habitación captaron la relevancia de sus comentarios de apertura, ya que se produjo una gran ovación. Esto no era una clase de protesta o de mitin en contra de los homosexuales. La decisión de la iglesia era importante, pues la Biblia era importante. No abandonaban la Iglesia Episcopal porque odiaran a los homosexuales, sino porque creían que la Biblia era la Palabra de Dios y sentían que no solo se había comprometido, sino que la habían desobedecido directamente. Este ministro en particular estuvo dispuesto a reconocer la escritura en la pared: su denominación había trazado una línea en la arena al ordenar a alguien que vivía de manera activa en pecado, y no quería que su congregación estuviera en el lado equivocado.

LA IGLESIA «MC HAMMER»

Esta segunda categoría de iglesia, la que yo llamo iglesia «MC Hammer», siempre está creciendo, es innovadora, joven, actual, tiene una banda asombrosa y un «comunicador» de primera línea, y no tiene ningún contratiempo pues sigue esta regla que nadie expresa: «No puedes tocar eso». ¿Qué creen acerca de la homosexualidad? No lo dirán; no puedes tocar eso. Esas iglesias de vez en cuando hacen una serie de sermones sobre el matrimonio y la familia, pero casi siempre tratan de no tocar la ética sexual relacionada con la homosexualidad. O, si tratan el tema, ofrecen disculpas y descargos de responsabilidad por temor a molestar a la mayoría de los miembros jóvenes. Puede que eso funcionara hasta hace pocos años (incluso tan recientemente como cuando publiqué mi último libro, en el que conté la historia de un amigo que asistía a una iglesia evangélica y no sabía que el pastor no apoyaba su estilo de vida homosexual), pero ahora la revolución en favor de la homosexualidad ya no está satisfecha con eso. Se está llevando a cabo una clase de rendición de cuentas, y se está llamando a las personas y a las organizaciones a ser transparentes con respecto a su posición.

Un sitio web, www.churchclarity.org, enumera las posiciones de las iglesias con respecto a la homosexualidad. Las tres categorías son «Clara», «No clara» y «No lo divulga». La iglesia de la que soy pastor aparece como «Clara: No está de acuerdo con la política LGBTQ». Otra iglesia en nuestra comunidad que es, sin duda, evangélica y ortodoxa en su teología se presenta como «No lo divulga», refiriéndose a su política LGBTQ. Aunque es evidente que a este sitio web no le gustan las iglesias que no están de acuerdo, como la mía, hay una preferencia por ser claro. Los titulares en la página «Acerca de» de este sitio web afirman que «La ambigüedad es dañina» y que «La claridad es razonable»[2]. El propio grupo que ayuda a los homosexuales a buscar iglesias que estén de acuerdo con su estilo de vida ve como dañina la estrategia del silencio. No obstante, es probable que la mayoría de las iglesias MC Hammer den por sentado que muestran amor al guardar silencio.

A decir verdad, espero que todas las iglesias les den la bienvenida y acojan a las personas, pues Dios ama a todos y a todos nos crearon a su imagen. Sin embargo, lo que ha hecho prácticamente imposible esta conversación es que mucha gente iguala la afirmación del ser humano con la afirmación de su estilo de vida. Creo que la Biblia separa esas dos cosas de manera muy eficaz. Dios nos ama a todos y nos llama a todos a arrepentirnos de nuestro pecado, no a que nos identifiquemos por él. Y, con el tiempo, todos tendremos que darnos cuenta de que no hay una zona neutral en este tema para los cristianos. Incluso logísticamente, las iglesias tendrán que definir su posición cuando un homosexual practicante quiera estar en un puesto de liderazgo, estar en una relación pública con alguien del mismo sexo o que el pastor los case.

Cada vez veo a más cristianos que abordan la homosexualidad basándose en gran medida en las emociones y en sus relaciones con los demás. La revolución sexual ha desfilado delante de ellos durante toda su vida. Las generaciones jóvenes no conocen un mundo sin el matrimonio homosexual, el mes del orgullo gay y la gran celebración cultural de todas las cosas que tienen que ver con la homosexualidad. Esta es la generación que vio la Casa Blanca iluminada con los colores del arcoíris después de la decisión del caso Obergefell en el Tribunal Supremo, que legalizó el matrimonio entre personas del mismo sexo en los Estados Unidos. No conocen un mundo sin fotos de bodas entre personas del mismo sexo que salen en Instagram y en el que las relaciones románticas homosexuales son normales en la televisión. Es más normal que en las generaciones anteriores tener amigos y miembros de la familia que son abiertamente homosexuales. No es poco común escuchar a un cristiano, en especial un adulto joven o un estudiante universitario, responder a una pregunta sobre su punto de vista con respecto a la homosexualidad con: «Bueno, tengo amigos homosexuales» o «Mi primo es homosexual».

No cabe duda de que las relaciones son importantes, y entiendo que la naturaleza humana quiere evitar la creación de conflictos o decepciones con las personas que queremos, pero lo que me resulta interesante es que es precisamente una conversación sobre la homosexualidad donde no te está permitido «tocar ese tema» con un miembro de la familia o con un amigo. Y ni siquiera decir que está en contra del diseño de Dios, sino que la homosexualidad es algo que tienes que apoyar por completo, pues de otra manera te dirán que no eres solidario con las personas que amas y te acusarán de que no las aceptas tal como son. Conozco cristianos con hijos homosexuales que nunca habían apoyado la homosexualidad como un estilo de vida aceptable para un cristiano, pero como resultado de que su hijo o hija se declaró homosexual, ahora cambian su perfil en las redes sociales a un arcoíris durante el mes del orgullo gay. La presión relacional es real. El mayor temor que casi siempre tienen los padres cuando tienen hijos adultos es que algo pudiera dañar la relación con ellos. Si eso significa que tienen que comprometer sus convicciones cristianas para estar en paz, así será. No creo que abandonar la fe sea casi nunca la intención, y tal vez algunos padres enfrentan grandes luchas debido a esa tensión, pero la influencia de una versión estadounidense del cristianismo es tanta que ya no pensamos en el costo de seguir a Cristo.

Jesús dijo: «El que ama a padre o madre más que a mí, no es digno de mí; el que ama a hijo o hija más que a mí, no es digno de mí; y el que no toma su cruz y sigue en pos de mí, no es digno de mí» (Mateo 10:37-38, RVR60). La salvación es gratuita, pero seguir a Jesús no es barato. Es más, es tan costoso que se espera que reordenemos nuestras propias vidas y, si es necesario, nos separemos de nuestras familias. En cierta ocasión, le preguntaron a Jesús: «¿Cuál es el mandamiento más importante de la ley?», y su respuesta fue directa: «"Ama al Señor tu Dios con todo tu corazón, con todo tu ser y con toda tu mente" [...] Este es el primero y el más importante de los mandamientos. El segundo se parece a este: "Ama a tu prójimo como a ti mismo". De estos dos mandamientos dependen toda la ley y los profetas» (Mateo 22:37-40). Cuando respondió esta pregunta, Jesús otorgó una medalla de oro y otra de plata, en sentido figurado, diciéndoles a quienes lo escuchaban que había un ganador evidente de nuestra lealtad. «Ama al Señor tu Dios». Dijo con claridad: «Este es el primero y el más importante de los mandamientos». La Escritura explica lo que significa cumplir el mandamiento ganador de la medalla de oro cuando nos dice con exactitud que «en esto consiste el amor a Dios: en que obedezcamos sus mandamientos» (1 Juan 5:3).

Es fácil pensar que amamos a nuestro prójimo y vivimos a plenitud el segundo más importante mandamiento cuando apoyamos la homosexualidad (o cualquier conducta sexual que se oponga a los mandamientos bíblicos); en especial, porque se nos dice que no apoyar la conducta de alguien es negar su esencia como persona, infligir un trauma y rechazar por completo al individuo. Sin embargo, esta es la realidad: si amar a Dios significa obedecer sus mandamientos, nunca obedeceremos el segundo mandamiento en importancia si quebrantamos el primero. No amaremos a nuestro prójimo si vamos en contra de lo que Dios dice en su Palabra. Animar a las personas a permanecer en pecado tiene consecuencias reales y eternas, y no tiene que considerarse un ataque personal el llamar a alguien a arrepentirse y a confiar en la bondad y en la suficiencia de Jesús. ¡De ninguna manera esto es rechazar a alguien! Es amarlo.

La mejor forma en la que podemos obedecer el mandamiento ganador de la medalla de plata es obedeciendo el mandamiento ganador de la medalla de oro. Una justificación bastante común para evadir las enseñanzas bíblicas sobre la sexualidad es que «solo nos debemos enfocar en Jesús». Sin embargo, fue Jesús quien señaló la creación y el matrimonio de Adán y Eva cuando se le preguntó sobre el matrimonio en Mateo 19, y es Jesús cuya muerte se da como modelo para que los esposos amen a sus esposas «como Cristo amó a la iglesia» (Efesios 5:25). Sin duda, centrarse en Jesús significa algo más que hablar del matrimonio heterosexual, pero el matrimonio bíblico no está separado de la persona de Cristo y su enseñanza.

¿Por qué todo esto es tan importante? Porque lo que está en juego es la vida y la eternidad de las personas. Ponte el cinturón, que vamos a Romanos 1. En la introducción del libro de Romanos, Pablo explica la culpa de todas las personas delante de un Dios santo y brinda un ejemplo específico de cómo se ve esa rebelión.

> Aunque afirmaban ser sabios, se volvieron necios y cambiaron la gloria del Dios inmortal por imágenes que eran réplicas del hombre mortal, de las aves, de los cuadrúpedos y de los reptiles.

Por eso Dios los entregó a los malos deseos de sus corazones, que conducen a la impureza sexual, de modo que degradaron sus cuerpos los unos con los otros. Cambiaron la verdad de Dios por la mentira, adorando y sirviendo a los seres creados antes que al Creador, quien es bendito por siempre. Amén.

Por tanto, Dios los entregó a pasiones vergonzosas. En efecto, las mujeres cambiaron las relaciones naturales por las que van contra la naturaleza. Así mismo los hombres dejaron las relaciones naturales con la mujer y se encendieron en pasiones lujuriosas los unos con los otros. Hombres con hombres cometieron actos indecentes, y en sí mismos recibieron el castigo que merecía su perversión.

Además, como estimaron que no valía la pena tomar en cuenta el conocimiento de Dios, él a su vez los entregó a la depravación mental, para que hicieran lo que no debían hacer. Se han llenado de toda clase de maldad, perversidad, avaricia y depravación. Están repletos de envidia, homicidios, disensiones, engaño y malicia. Son chismosos, calumniadores, enemigos de Dios, insolentes, soberbios y arrogantes; se ingenian maldades; se rebelan contra sus padres; son insensatos, desleales, insensibles, despiadados. Saben bien que, según el justo decreto de Dios, quienes practican tales cosas merecen la muerte; sin embargo, no solo siguen practicándolas, sino que incluso aprueban a quienes las practican. (Romanos 1:22-32)

Pablo les pinta a los romanos un cuadro del estado del mundo que los rodea. Uno donde se rechaza a Dios y toman el control los afectos humanos ilícitos, donde la gente adora lo creado en lugar de a su Creador. El pasaje empieza y termina con descripciones en tiempo pasado como «cambiaron la verdad de Dios por la mentira» y «Dios los entregó» que enmarcan descripciones en tiempo presente como «cometieron actos indecentes» y «se han llenado de toda clase de maldad». Esto es bastante amplio, mientras que los ejemplos de homosexualidad son bastante específicos, pero creo que se supone que interpretemos el pasaje para referirnos a las personas que no conocen a Dios dentro de la cultura que nos rodea, donde no todos se van a involucrar en actividades homosexuales. Entonces, ¿qué significa esto? Si bien Pablo no dice que la homosexualidad es el peor de los pecados, es evidente que el pasaje presenta la homosexualidad como un ejemplo de rebelión contra el Creador. Es el resultado de cambiar la adoración a Dios por la adoración a otra cosa. Es directamente contrario a la unión en un solo cuerpo entre un esposo y una esposa, que tiene la intención de mostrarnos la unión entre Jesús y su novia, la Iglesia.

Por eso es que le doy tanta importancia a este asunto como pastor, cristiano y amigo. La homosexualidad es una completa rebelión contra Dios; en otras palabras, ya sean que se deseen o no, actuar de acuerdo a esos sentimientos no resulta en bendición ni es permisible delante de los ojos de Dios. No hay ni un ejemplo en las Escrituras donde las relaciones entre personas del mismo sexo se alienten, aplaudan o traten como algo normal. (Esta clase de perversidad sexual trajo como resultado la destrucción literal de Sodoma y Gomorra). Pablo les deja claro a los creyentes de Corinto que «los malvados no heredarán el reino de Dios». Les dice: «¡No se dejen engañar! Ni los fornicarios, ni los idólatras, ni los adúlteros, ni los sodomitas, ni los pervertidos sexuales, ni los ladrones, ni los avaros, ni los borrachos, ni los calumniadores, ni los estafadores heredarán el reino de Dios» (1 Corintios 6:9-10). Sí, esa lista incluye otros ejemplos de inmoralidad además de la homosexualidad, pero de seguro que la homosexualidad está en la lista.

> **Todos tenemos el llamado a la misma pureza sexual y todos tenemos el llamado a hacer morir nuestros deseos pecaminosos.**

Las personas a menudo preguntan por qué Dios crearía a alguien con deseos que Él considera pecaminosos. ¿Por qué haría a alguien de una manera determinada y luego condenaría a esa persona por ser de esa manera? La respuesta es que Dios no hace eso en realidad. Todos tenemos deseos pecaminosos, y ninguno de ellos es culpa de Dios. Tampoco quiere que esos deseos pecaminosos nos definan. Tenemos que regresar a Romanos 1, que nos muestra lo que pasó como resultado de la desobediencia de Adán y Eva en Génesis 3. La caída del hombre afecta cada aspecto de nuestras vidas, en especial nuestros deseos. El libro de Santiago incluso nos dice que Dios no tienta a nadie a pecar; por el contrario, la tentación viene de nuestros propios malos deseos y cuando el pecado «ha sido consumado», conduce a la muerte (Santiago 1:15). Nuestros deseos y pasiones están dañados desde el mismo momento en que los formamos, y Dios no ignora eso. Él ve lo profundo de nuestro interior, razón por la cual el salmista escribe: «Sean, pues, aceptables ante ti mis palabras y mis pensamientos, oh Señor, roca mía y redentor mío» (Salmo 19:14). Necesitamos la ayuda de Dios para tener deseos que sean puros.

Además, debemos distinguir entre el cristiano que experimenta atracción por personas del mismo sexo pero camina en santidad y la persona que se identifica como cristiana pero vive un estilo de vida homosexual. Podemos estar de acuerdo con las Escrituras contra nuestros deseos carnales. Y, para vivir como cristianos, tiene que ser así. En Romanos 1, Pablo incluye la homosexualidad como uno de «los malos deseos de sus corazones» en el contexto del pecado sexual (versículo 24). También hace referencia a «pasiones vergonzosas» (versículo 26). Las relaciones del mismo sexo se describen como relaciones contra naturaleza (versículo 27), no como deseos que deban legitimarse por el hecho de existir. Por lo tanto, en este contexto es importante saber que la meta para el cristiano que siente deseos hacia personas de su mismo sexo no es la heterosexualidad, sino la santidad. La búsqueda de la santidad no puede existir independientemente del arrepentimiento diario de los deseos propios. Aun así, la buena noticia del Evangelio es que seguir a Cristo es igual de inclusivo e igual de exclusivo para todas las personas, sin importar sus debilidades o tendencias individuales. Todos tenemos el llamado a la misma pureza sexual y todos tenemos el llamado a hacer morir nuestros deseos pecaminosos. Esto se ajusta a la persona heterosexual soltera, a la persona casada y a la persona que experimenta una atracción por personas de su mismo sexo. Sin tener en cuenta de cómo haya fallado la Iglesia en este sentido, la *Biblia* no discrimina a ningún tipo de pecador en particular: todos debemos venir y postrarnos a los pies de Cristo. Para el cristiano, los deseos pecaminosos no son inherentes a su identidad, sino que suponen una batalla diaria mientras intentamos «[vivir] por el Espíritu, y no [seguir] los deseos de la naturaleza pecaminosa» (Gálatas 5:16).

Por esta razón, pienso que debemos rechazar el título de «cristiano gay». Cuando estás en Cristo, no hay nada más que forme tu identidad. No puedo encontrar ninguna justificación en las Escrituras para que un estilo de vida pecaminoso se use como un modificador o una calificación del tipo de creyente que eres; no tenemos (o al menos no deberíamos tener) «cristianos adúlteros» ni «cristianos asesinos», aunque esas dos cosas pueden coexistir activamente. Sin embargo, hay personas que desean normalizar la tensión entre las creencias cristianas y los estilos de vida homosexuales creando un ambiente en el que la persona pueda tener ambos.

En los últimos años, surgieron la conferencia y la organización *Revoice*, que describe su misión como «apoyar, alentar y empoderar a los cristianos gais, lesbianas, que sienten atracción por el mismo sexo y otros cristianos LGTB, a fin de que puedan crecer mientras observan la histórica doctrina cristiana del matrimonio y de la sexualidad»[3]. Gene Burrus reconoce que «para muchos en la escena evangélica, estoy seguro de que parece que *Revoice* representa un cambio progresista. Sin embargo, en el contexto de sus [...] orígenes [apartarse de una ola más progresista que aprueba los estilos de vida LGTBQ], *Revoice* fue un cambio hacia una ética sexual conservadora»[4]. Como una respuesta a la soledad en esta población, algunos cristianos abogan por lo que se le ha llamado «amistades espirituales», en las que las personas pueden «[renunciar] a sus deseos eróticos» formando «amistades íntimas, o incluso bajo pacto, con otros cristianos del mismo sexo»[5]. En resumen, esto me resulta muy inquietante. No le diríamos a una mujer cristiana heterosexual que viviera y entrara en una amistad seria bajo pacto con un hombre que desea sexualmente, pero con quien no puede tener relaciones sexuales ni casarse. En realidad, no es saludable y no tiene ningún sentido si la meta es la pureza y la obediencia a Cristo. En su lugar, como lo he hecho y lo seguiré haciendo a lo largo de este libro, afirmo que la iglesia local es el foro bendecido y original para que los cristianos de todos los tipos encuentren verdadera comunidad, con independencia de su estado civil.

Un miembro de una iglesia que es adulto soltero y líder de un grupo de estudio bíblico vino a verme una vez para decirme que luchaba con la atracción por personas de su mismo sexo. Quería ser sincero conmigo y se preguntaba si su atracción hacia las personas de su mismo sexo lo descalificaba como líder. Plenamente consciente del riesgo que corría al mostrarse tan vulnerable, reafirmé su compromiso con Cristo, mientras él me aseguraba que no actuaba movido por esas atracciones, que mantenía la doctrina cristiana ortodoxa sobre el matrimonio y que creía que la homosexualidad era pecado. Le dije que, basado en sus convicciones y en sus elecciones en cuanto a su estilo de vida, de seguro podía continuar sirviendo a su iglesia como líder. Eso es lo que le diría también a cualquier joven soltero que experimente la tentación sexual de tipo heterosexual. ¿Estás caminando en pecado o has cambiado tus creencias sobre la ética sexual bíblica? Le dije que había una «condición». Para seguir a Jesús, debía rechazar por completo el estilo de vida homosexual, lo que significaba no salir con nadie del mismo sexo, incluso si se abstenían de sexo. Estuvo de acuerdo con esa petición y, en realidad, era algo que creía también y añadió que rechazaba la idea de identificarse como «cristiano gay».

Mi punto principal es que la Biblia es clara en cuanto a que la homosexualidad es un pecado, pero eso no significa que las personas que sienten deseos por otras personas de su mismo sexo queden descalificadas de participar en el reino de Dios, siempre y cuando, como cualquier otro cristiano, sometan sus deseos al señorío de Cristo. Con respecto al sexo, cada cristiano tiene las mismas dos opciones: el celibato o el matrimonio monógamo, heterosexual y bajo pacto. Tenemos que vivir de acuerdo a la verdad de Gálatas 5: «Porque esta [la carne] desea lo que es contrario al Espíritu, y el Espíritu desea lo que es contrario a ella. Los dos se oponen entre sí, de modo que ustedes no pueden hacer lo que quieren» (versículo 17). Ningún cristiano se puede identificar con deseos que no están en sintonía con lo que Dios declara que es pecaminoso. Estos se oponen entre sí. Pablo enumera algunos de esos deseos que se oponen a Dios, que incluyen la inmoralidad sexual, la impureza y el libertinaje (Gálatas 5:19). Los llama las «obras de la carne». Aquellos que están en Cristo no continúan identificándose con esos deseos porque «los que son de Cristo Jesús han crucificado la carne con sus pasiones y deseos» (Gálatas 5:24). Quiero ser comprensivo ante lo que tienen que pasar mis hermanos y hermanas que enfrentan tentaciones con personas de su mismo sexo, y no niego lo difícil de esa situación. Pero, de alguna manera, todos estamos juntos en esto. Todos los creyentes tienen que tomar su cruz para seguir a Cristo. En vez de vivir como un «cristiano gay», alguien que experimenta atracción por personas de su mismo sexo debe vivir como alguien que ha sido salvo, crucificando su carne debido a su amor por Cristo que crece a diario.

Jackie Hill Perry, al contar su experiencia de arrepentimiento de una relación lesbiana, escribió: «Amaba a mi novia demasiado como para no sentirme aterrada por la idea de no solo dejar la manera en que la amaba, sino también a quien amaba [...] Yo la amaba, y ella me amaba a mí, pero Dios me amaba más. Tanto así que no quería que continuara por el resto de mi vida convencida de que el amor de una criatura era mejor que el amor del Rey»[6]. Jackie reconoció que Dios no la llamaba a ser «heterosexual», sino santa: «Puede que la homosexualidad fuera mi pecado más escandaloso, pero no era mi *único* pecado. Dios no quería liberarme de una forma de esclavitud solo para dejarme esclavizada a otros ídolos. Al llamarme a sí mismo, estaba en busca de todo mi corazón [...] de modo que mi arrepentimiento no solo fuera en un aspecto de mi vida. Esa noche, supe que no solo se trataba de mi lesbianismo lo que iba en contra de Dios; era todo mi corazón»[7]. Al romper con su novia, Jackie recordó: «"Solo… tengo que vivir para Dios ahora", le dije con la voz entrecortada por las lágrimas. Una nueva identidad surgió cuando colgué el teléfono. No tenía idea de lo que iba a suceder después ni de cómo iba a tener la fortaleza para resistir todo aquello para lo que una vez había vivido, pero sabía que si Jesús era Dios y si Dios era poderoso para salvar, con toda seguridad Dios iba a ser poderoso para guardarme. Y diez años después, sigue guardando a esta chica piadosa»[8].

Este tipo de historia no tiene ningún sentido para el mundo y se considera la religión opresiva por excelencia: alguien como Jackie tendría que soportar el dolor de una ruptura con alguien a quien amaba y con quien había tenido una relación seria. Jackie tomó su cruz ese día, y lo hizo basada en su creencia de que Jesús era Dios y que salvó su alma. La iglesia tiene que darse cuenta de que el mundo siempre nos verá como locos, intolerantes u homofóbicos en lo que respecta a lo que dice la Escritura sobre la homosexualidad. Para el mundo, es absurdo sugerir que dos hombres comprometidos en una relación amorosa estén equivocados. Después de todo, «amor es amor». La diferencia para los cristianos es que no definimos el amor aparte de lo que es Dios y de lo que le ha encomendado a su pueblo que haga. La persona que amas es muy importante, pues Dios creó el contexto en el que ese amor se debe practicar y mostrar, y eso es en la unión que se forma luego de un pacto de por vida entre un esposo y una esposa.

Es importante destacar que nuestro mensaje no es: «¡Que todo el mundo sea heterosexual!». Nuestro mensaje, como lo que cree Jackie, es que Jesús salva, transforma y sustenta. La persona transformada por Jesús someterá sus deseos a sus mandamientos, creyendo que su plan y sus mandamientos son suficientes. Podemos tener estas cosas en mente:

- No tenemos que ir fuera de Dios en busca de propósito e identidad. Esas cosas se encuentran en Jesús, quien hace todas las cosas nuevas.
- Nunca se nos prometió una vida sin tentaciones.
- Se nos promete, en Cristo, un gran sacerdote que se compadece de nuestras debilidades, pues Jesús fue tentado, pero no pecó.
- La gran verdad para todos los creyentes es que, por medio de Cristo, podemos acercarnos «confiadamente al trono de la gracia para recibir misericordia y hallar la gracia que nos ayude en el momento que más la necesitemos» (Hebreos 4:15-16).

Hay algo diferente a ser una iglesia de amor es amor o una iglesia MC Hammer, y es ser una iglesia centrada en el evangelio. Esas iglesias no tienen miedo de llamar pecado al pecado, porque saben que Jesús vino a morir por los pecadores. Como escribió Pablo con respecto al pecado sexual y a la inmoralidad: «Y eso eran algunos de ustedes. Pero ya han sido lavados, ya han sido santificados, ya han sido justificados en el nombre del

Señor Jesucristo y por el Espíritu de nuestro Dios» (1 Corintios 6:11). ¡Qué increíbles palabras! Antes eras así, pero Jesús te lavó. Es más, ya no eres culpable de tu pecado, pues te justificaron y declararon inocente. A Jesús, que no tuvo pecado, lo condenaron a morir en nuestro lugar. Este evangelio, comprado por precio, es el que alimenta el encargo de Pablo: «Huyan de la inmoralidad sexual. Todos los demás pecados que una persona comete quedan fuera de su cuerpo; pero el que comete inmoralidades sexuales peca contra su propio cuerpo. ¿Acaso no saben que su cuerpo es templo del Espíritu Santo, quien está en ustedes y al que han recibido de parte de Dios? Ustedes no son sus propios dueños; fueron comprados por un precio. Por tanto, honren con su cuerpo a Dios» (1 Corintios 6:18-20).

Las iglesias centradas en el evangelio no temen entrar en el ruedo de los temas candentes y tabúes de la actualidad. Así como Pablo cuando se paró en el Areópago en el corazón de Atenas, tenemos un mensaje para nuestra cultura, y es que Jesús es el Señor. Él es bueno y sabe más que nosotros. En su carta, Judas le recuerda al lector el destino de Sodoma, Gomorra y de las «ciudades vecinas», que cometían inmoralidad sexual y sirvieron como ejemplo al sufrir el castigo del fuego eterno (1:7). Este versículo y recordatorio histórico debe hacer pensar al cristiano con respecto al destino de los que practican el pecado sexual. Según Génesis, en el caso de estas ciudades se trataba explícitamente del pecado homosexual (19:4-5). ¿Cómo puede un cristiano leer esos versículos y concluir que no debemos hablar sobre ese pecado y solo «amar»? No puedo pensar en nada más amoroso que rogarle a alguien que se reconcilie con Dios a través de Cristo arrepintiéndose de sus pecados en fe. Puede que conozcas a alguna pareja de homosexuales que son personas amables y parecen tener una mejor relación que muchas parejas heterosexuales que conoces. Sin embargo, no nos convirtamos en las personas que se describen al final de Romanos 1: «Saben bien que, según el justo decreto

de Dios, quienes practican tales cosas merecen la muerte»
(versículo 32).

¡Qué acusación! En cambio, que la iglesia viva de acuerdo
con estas palabras de la carta de Judas: «Ustedes, en cambio,
queridos hermanos, manténganse en el amor de Dios, edificán-
dose sobre la base de su santísima fe y orando en el Espíritu
Santo, mientras esperan que nuestro Señor Jesucristo, en su misericordia, les conceda vida eterna. Tengan compasión de los
que dudan; a otros, sálvenlos arrebatándolos del fuego. Compa-
dézcanse de los demás, pero tengan cuidado; aborrezcan hasta
la ropa que haya sido contaminada por su cuerpo» (1:21-23).

8

MENTIRA N.º 5:
«Mi dormitorio es asunto mío»

Un amigo mío me invitó a almorzar para conversar. Mientras mirábamos el menú, podía adivinar que estaba deseoso de contarme algo. «Bueno, he estado saliendo con alguien», me dijo. Continuó contándome que la chica con la que había salido un par de veces era fenomenal, y que pensaba que había potencial para tener una relación a largo plazo. «El sexo también ha sido muy bueno», añadió, justo cuando la camarera nos dijo un poco nerviosa que nos daría un par de minutos más para mirar el menú. Aunque aprecio el hecho de que mi amigo sea tan franco conmigo conociendo mis convicciones y que soy pastor, me quedé mirándolo sorprendido, esperando que lo pudiera traducir como «Vamos, hombre, me estás matando». Viendo mi reacción, se apresuró a añadir: «Es decir, quieres asegurarte de que eres compatible mientras sigues adelante, ¿cierto? ¡Imagínate si te das cuenta de que no eres sexualmente compatible cuando ya estás comprometido o casado!».

Lo primero que me vino a la mente fue la pregunta de qué piensa la gente acerca del significado de «sexualmente compatible», consciente de que mi amigo no estaba inventando este concepto, sino que se estaba dejando guiar por una idea muy común. En la actualidad, la lista de chequeo que no está escrita, pero que se aplica antes del matrimonio, incluye revisar la compatibilidad sexual. Sin embargo, incluso aparte del hecho obvio de que requiere sexo prematrimonial, la compatibilidad sexual no es algo por lo que los cristianos necesitan preocuparse. El sexo en el matrimonio es algo que se aprende juntos, una experiencia para los inexpertos, mientras se esfuerzan para seguir las instrucciones de Hebreos 13:4: «Tengan todos en alta estima el matrimonio y la fidelidad conyugal».

Como vimos, en el afán de rectificar las consecuencias de la cultura de la pureza, diversas posturas bien intencionadas dentro de la cultura cristiana han conducido a las correcciones exageradas. He observado dos cambios radicales: primero, pasar de la prudencia a una exposición abierta del sexo en la vida de casados, y segundo, una retirada, basada en el trauma, de los mandamientos bíblicos sobre los requisitos sexuales entre cónyuges.

En las generaciones pasadas, era un tabú hablar sobre la cama en el matrimonio, que permanecía bajo la etiqueta de «Demasiada información». Sin embargo, durante los últimos años, incluso en las esferas cristianas, un contragolpe convirtió el sexo en el matrimonio en el pan de cada día. Recuerdo cuando asistí a la conferencia que tomó a la cultura cristiana por sorpresa a principios del siglo veintiuno: la conferencia de Cantar de los Cantares de Salomón. Se trataba de un curso intensivo, una conferencia de dos días donde se enseñaba de manera explícita el contexto del libro de Cantar de los Cantares (también llamado Cantares en algunas traducciones). Recuerdo que me sentía bastante incómodo sentado al lado de amigos y amigas durante esas sesiones, todos estudiantes universitarios solteros, escuchando a un hombre de sesenta años contando sobre las relaciones sexuales con su esposa. No recuerdo que mencionara ni una vez a Cristo, la Iglesia o alguna teología de Cantares, solo muchos temas sobre el sexo. Para ser justos, hay que reconocer que la intimidad que comparten un esposo y una esposa está presente a lo largo de todo este libro poético del Antiguo Testamento, donde el sexo y el romance en el contexto del matrimonio se ven como algo bueno, santo y apropiado. No obstante, habíamos cambiado de solo escuchar sobre el sexo como algo que no debes hacer a menos que estés casado a una exposición sobre el sexo basada en cada página de Cantares en un auditorio repleto de estudiantes universitarios.

Este enfoque franco para enseñar sobre el matrimonio cristiano tuvo buena acogida. Los sermones sobre el sexo se convirtieron en la norma, en especial en las iglesias contemporáneas en busca de nuevos miembros. Recuerdo un anuncio que estaba en una calle principal de la ciudad donde vivo y que anunciaba una serie de sermones que tendrían lugar próximamente. El anuncio tenía pintado un dormitorio con una cama y la pierna de una mujer colgando fuera de la sábana, el título «El mejor sexo que hayas tenido jamás» y las fechas del evento escritas al otro lado. Un pastor en Texas desafió a las parejas casadas de su congregación a tener «Siete días de sexo». El «SEXEXPERIMENTO», que más tarde se convirtió en el título de su libro, se diseñó para «[mostrarles] a las personas que el sexo en el matrimonio es más que solo sexo, y es más que una tarea rutinaria»[1]. En sus propias palabras: «Si bien la sociedad ha llevado el sexo demasiado lejos, la iglesia no lo ha llevado lo suficientemente lejos»[2]. En una entrevista, el pastor añadió: «Queremos que las personas casadas vean su dormitorio como lo que es: un imán de estabilidad, algo que los aleja de la peligrosa avalancha de lujuria que desvía a tantas parejas»[3]. Si bien esa declaración, a primera vista, no está muy alejada de la verdad, la metodología fue un poco rara. En el

2012, publicó un vídeo de una sesión de veinticuatro horas de caricias con su esposa en una cama en el techo del edificio de su iglesia[4]. Los sermones sobre el sexo se convirtieron en estrategias de mercado para atraer personas a la iglesia. El movimiento era tan intenso que habría hecho sentir celoso al bateador Mickey Mantle de Louisville.

En medio de este movimiento apareció Mark Driscoll, un plantador de iglesias convertido en un pastor de una megaiglesia en Seattle que se hizo popular a principios de los años 2000. Driscoll, reconocido por su franqueza y audacia, adoptó ese mismo enfoque con respecto a los temas del matrimonio y el sexo. En el libro que escribió junto con su esposa, *Matrimonio real: La verdad acerca del sexo, la amistad y la vida juntos*, una gran parte está dedicada a hablar sobre el sexo y la pregunta de «¿Podemos _____?»[5]. Esta sección está dirigida a responder preguntas sobre la permisibilidad de diversos actos sexuales en los matrimonios cristianos. Hablan sobre algunos actos sobre los que yo jamás habría pensado en tratar en detalle en un libro o en un sermón, pero el libro atrajo mucha atención. Al parecer, los cristianos querían oír acerca del sexo, y ahora era un gran negocio hablar sobre él con detalles específicos. Incluso, entre los cristianos, tal parece que el sexo se vende bien.

En el verano del 2021, *Christianity Today* empezó un pódcast llamado *The Rise and Fall of Mars Hill*, que se enfocaba en el colapso de la iglesia que pastoreaba Driscoll, así como en su propia caída. Un episodio que recibió bastante atención y dio mucho de qué hablar cuando salió al aire fue el quinto episodio: «Las cosas que les hacemos a las mujeres». En su recapitulación del episodio, un bloguero plantea que el pódcast «documenta a Driscoll manipulando las Escrituras para dibujar un cuadro reduccionista del sexo que es pornográfico y que está muy lejos de la sagrada intimidad conyugal adornada por el evangelio que se presenta en las Escrituras»[6]. *Christianity Today* describió que Driscoll «elevaba a las mujeres como ideales pornográficos cristianos»[7]. Driscoll era popular por sus comentarios groseros y despectivos sobre las mujeres y sus apariencias u obligaciones sexuales. En un curso para plantadores de iglesias, le dijo a una audiencia de esposas de pastores que ellas tenían el «trabajo más importante» en una iglesia nueva. Ese trabajo, según Driscoll, era «tener sexo con el plantador de la iglesia»[8]. En el 2006, después que al evangelista Ted Haggard lo atraparan en prostitución masculina, Driscoll escribió en internet que «no es poco común encontrar esposas de pastores que se descuidan. Una esposa que se descuida y no está sexualmente disponible para su esposo [...] no es responsable por el pecado de su esposo, pero quizás tampoco lo esté ayudando»[9].

Mientras que Driscoll y Mars Hill se habían convertido en algo secundario para muchos, el exitoso pódcast de *Christianity Today* le recordó a una gran audiencia en línea acerca de influyentes predicaciones que cosificaban el papel de la esposa en el matrimonio. Beth Moore, en un tuit después del lanzamiento del quinto episodio, afirmó que «esto de colocar sobre la esposa la responsabilidad de la fidelidad de su esposo convirtiéndose en su estrella pornográfica personal (y en el nombre de Jesús), no solo lo promovió Mars Hill. Era frecuente»[10]. Qué tragedia para cualquier mujer sentirse alguna vez como el equivalente de una estrella pornográfica en demanda dentro de su matrimonio. Eso por no mencionar la completa falta de decoro de un pastor al avergonzar en público a las mujeres por no tener la apariencia física que prefieren sus esposos. Sin duda alguna, hay un problema cuando a las mujeres casadas se les enseña desde el púlpito que deben satisfacer cada capricho y fantasía sexual de su esposo; o que el esposo debe hacer todo lo que quiera, siempre que lo desee, y la esposa debe actuar o será una mala esposa, poniéndolo en riesgo de adulterio.

Una enseñanza abusiva sobre el sexo puede parecer algo muy alejado de la escena de mi amigo soltero asegurándose de tener suficiente «química sexual» con la chica con la que salía.

Sin embargo, una visión consumista del sexo puede penetrar en los matrimonios cristianos cuando las personas reciben esta clase de enseñanza. ¿Tiene la Biblia cosas que decir con respecto a las obligaciones sexuales de los cónyuges el uno con el otro? Sí. No obstante, ¿son esas cosas pornográficas y dominantes? Por supuesto que no.

La exposición de *Christianity Today* sobre las enseñanzas de Driscoll ha causado furia en las redes sociales cristianas, y con razón, pero como suele suceder con la cultura evangélica, otra vez han estado presentes las correcciones exageradas. Si bien es cierto que la objetividad hipersexual que, sin duda alguna, todavía se enseña tiene que denunciarse y rechazarse, me pregunto si todavía hay un lugar para que 1 Corintios 7 se enseñe en nuestras iglesias. Después de todo, la Biblia habla del sexo, y lo hace de acuerdo a un modelo que no es ni secreto ni exhibicionista. En el Nuevo Testamento en particular, vemos mandamientos claros para una relación sexual generosa y mutuamente sacrificial, lo que se expone sin entrar en detalles gráficos con respecto a cómo se ve eso de acuerdo a cada pareja.

Entonces, ¿qué dice la Biblia?

UN ESPOSO Y UNA ESPOSA TIENEN OBLIGACIONES SEXUALES UNO CON EL OTRO.

Pablo escribe que «el hombre debe cumplir su deber conyugal con su esposa, e igualmente la mujer con su esposo» (1 Corintios 7:3). Este deber y esta responsabilidad que los esposos y las esposas tienen el uno con el otro no es malo ni opresivo, sino que parte del diseño de Dios, donde vemos que el sexo no solo se creó para la procreación, sino también para el placer. Pablo continúa: «La mujer ya no tiene derecho sobre su propio cuerpo, sino su esposo. Tampoco el hombre tiene derecho sobre su propio cuerpo, sino su esposa» (versículo 4). Esto no debe sorprender a quienes creen que un esposo y una esposa se convierten en un solo cuerpo, y es importante destacar que esto de pertenecer el uno al otro de manera corporal en la unión matrimonial es algo mutuo.

LAS OBLIGACIONES CONYUGALES DEBEN ESTAR ANCLADAS EN EL EJEMPLO DE CRISTO.

Los esposos tienen claros mandamientos de parte de Dios con respecto a la importante responsabilidad que tienen para con sus esposas, y es que cada esposo debe amar a su esposa como Cristo amó a la Iglesia, entregándose por ella (Efesios 5:25). En otra parte, en Filipenses 2, se nos explica mejor cómo es Jesús. Pablo insta a los creyentes a que «La actitud de ustedes debe ser como la de Cristo Jesús, quien, siendo por naturaleza Dios, no consideró el ser igual a Dios como algo a qué aferrarse. Por el contrario, se rebajó voluntariamente, tomando la naturaleza de siervo y haciéndose semejante a los seres humanos. Y, al manifestarse como hombre, se humilló a sí mismo y se hizo obediente hasta la muerte, ¡y muerte de cruz!» (Filipenses 2:5-8).

Podemos llegar a la conclusión de que un esposo que ama a su esposa como Cristo amó a la Iglesia debe, por lo menos, ser generoso y amable, y jamás usar ninguna clase de posición de liderazgo para su propio placer o ganancia personal. En el contexto del sexo, la esposa nunca debe sentirse como un objeto ni como una estrella pornográfica personal. Esto es serio, ya que los mandamientos bíblicos se han torcido y se han usado para justificar el abuso sexual dentro del matrimonio. Es imposible comprender cómo alguien a quien le llaman a amar a su esposa como Cristo amó a la Iglesia puede forzar (o siquiera hacer el intento de forzar) a su esposa a involucrarse en algo que ella no quiere hacer o que se niega a hacer, pero lo triste es que esto sí sucede. Las palabras de Pablo acerca de que el esposo y la esposa tienen derechos sobre el cuerpo del otro deben escucharse e interpretarse en el contexto del resto de la descripción que hace la Escritura del amor y del matrimonio, que se caracteriza por el cuidado mutuo y la unidad.

CASADO O NO CASADO, EL CUERPO DEL CRISTIANO LE PERTENECE A DIOS.

Ante todo, la comprensión cristiana del cuerpo debe partir de la convicción de que «ustedes no son sus propios dueños; fueron comprados por un precio. Por tanto, honren con su cuerpo a Dios» (1 Corintios 6:19-20). La responsabilidad del esposo y de la esposa sobre el cuerpo del otro permanece sobre la creencia de que, en última instancia, sus cuerpos no les pertenecen a ellos, sino a Dios. El sexo en el matrimonio debe ser ante todo para la gloria de Dios, el creador del matrimonio, el que les dio a las parejas el regalo del sexo, y el que redimió nuestros cuerpos a través de la muerte y la resurrección de Jesucristo. Cuando recordamos que nuestros cuerpos pertenecen en primer lugar a Dios, el sexo nunca es solo el triunfo de nuestras necesidades y deseos personales, en especial sobre nuestro propio cónyuge. Sin embargo, eso también significa que nosotros, como individuos cristianos, tenemos la responsabilidad de examinar nuestros propios corazones cuando queremos pedir algo o rechazar algo que nuestro cónyuge sugiere en la relación sexual.

A VECES LA OBEDIENCIA SIGNIFICA HACER COSAS QUE NO QUIERES HACER.

En nuestra cultura evangélica hipersensible, me preocupa que a los pastores ya ni siquiera se les permite enseñar acerca de las instrucciones de Pablo en 1 Corintios 7 (que tenemos un deber cristiano con respecto al sexo en el matrimonio) sin que lo tilden de misógino o abusivo hacia las mujeres. (Como una nota al margen, Pablo no estaba casado cuando le escribió a la iglesia en Corinto, así que no decía esto desde una perspectiva egoísta). Sin embargo, Pablo afirma que «el hombre debe cumplir su deber conyugal con su esposa, e igualmente la mujer con su esposo» (1 Corintios 7:3). El sexo en el matrimonio está diseñado para dar placer, pero también es un deber. Hay un papel que jugar y una acción que llevar a cabo, y esto fluye de un deseo mutuo por el bien del otro. Parte de vivir una vida generosa en el matrimonio es hacer cosas que a veces no quieres hacer. La sugerencia de que los cónyuges deben estar dispuestos a entregarse sexualmente el uno al otro incluso en momentos cuando puede que no tengan deseos, no está ni remotamente cerca de la categoría de forzar a alguien en contra de su voluntad a hacer algo cruel o inapropiado. También hay que decir que no es piadoso que una persona persista en su propio deseo contra la voluntad de su cónyuge. Este equilibrio de los impulsos y apetitos biológicos con los mandamientos bíblicos requiere madurez, comunión mutua y la bondad que produce en nosotros el Espíritu. En un matrimonio temeroso de Dios, ambos cónyuges se esfuerzan por ser generosos por el bien del otro.

Pablo les ordena a las parejas casadas a que «no se nieguen el uno al otro, a no ser de común acuerdo, y solo por un tiempo, para dedicarse a la oración» (1 Corintios 7:5). A veces bromeo cuando predico sobre este versículo diciendo que, cualquiera que fuera la clase de oración a la que Pablo se refería, ¡tiene que haber sido la oración más rápida en la historia de la oración! El hecho es que parte de ser un cónyuge fiel es la de participar de forma voluntaria en una actividad sexual regular. ¿Hay factores que algunas parejas deben resolver y vencer tanto de manera emocional como física? Por supuesto que sí, pero no hay que presentar un descargo de responsabilidad para apaciguar cada objeción de un coro en las redes sociales que ha tomado como rehén psicológico la comprensión del mundo de la autonomía de la persona y el individualismo. En otras palabras, si tienes alguna objeción ante el hecho de que se les enseñe a las parejas casadas que se supone que tengan sexo el uno con el otro, tu oposición es con la Biblia, no con un predicador en particular.

Como digo con frecuencia, el matrimonio es mucho más que sexo, pero de seguro que no es menos que eso. Dios creó al hombre y a la mujer para que se complementaran biológicamente el uno con el otro (en un sentido físico, literal y de otras muchas maneras), instituyó el matrimonio y definió lo que significa convertirse en un solo cuerpo. Este mismo Dios les instruyó a los esposos y a las esposas a no negarse el uno al otro, ya que el hombre debe «[amar] también a su esposa como a sí mismo, y que la esposa respete a su esposo» (Efesios 5:33). Rosie Moore tiene unas palabras para las parejas casadas con respecto al sexo: «Puede que el sexo requiera esfuerzo, planificación y una fuerte batalla espiritual, pero los matrimonios cristianos tienen que reclamar este maravilloso regalo de Dios para nuestro propio bien y para su gloria. Rechazar, descuidar o quejarse del regalo de Dios es rechazar al mismo Señor»[11]. En un matrimonio cristiano, cada uno de los dos individuos, que ahora son un solo cuerpo, debe comprometerse con satisfacer generosamente las necesidades sexuales de su cónyuge. Una excepción importante sería cualquier cosa que vaya en contra del diseño de Dios y del pacto del matrimonio (como por ejemplo un encuentro polígamo) o cualquier cosa que, a decir verdad, viole la conciencia de la persona. (Hay una diferencia entre algo que puede que solo requiera valor por parte de un cónyuge y algo que él o ella cree que no honra a Dios).

SE SUPONE QUE EL SEXO SEA PARA DISFRUTARLO.

Como vimos antes, tal vez el contexto sexual positivo más explícito en la Biblia se encuentre en Cantares, libro que históricamente ha tenido interpretaciones mezcladas que van desde los que plantean que es en su totalidad solo una alegoría de las realidades espirituales o, sobre todo, una celebración del amor humano físico. Las interpretaciones más recientes argumentan que es ambas cosas. En un ensayo sobre Cantares publicado en *Themelios*, una revista digital de teología, un escritor afirma:

> Por lo tanto, Cantares les pregunta al esposo y a la esposa cristianos: «¿Cómo está su vida amorosa? ¿La cama de tu boda está viva o muerta? ¿Está tan congelada como un lago en febrero o tan caliente como la arena de la Florida en agosto?» [...] Cantares es la provisión de Dios para sustentar a los matrimonios que se aman y renovar a los que ya no tienen amor. Es su provisión para el aumento de la intimidad de modo que refleje la intimidad del amor de Cristo por la Iglesia, una intimidad que hace que el mundo se voltee para mirar nuestros matrimonios y decir: «Así que eso es el evangelio. ¿Qué tengo que hacer para obtener la *sabiduría* que me conduzca a la salvación?»[12].

Uno podría preguntarse si este comentario analiza con demasiada profundidad el libro de Cantares. Kyle Dillon afirma que si «los autores del Nuevo Testamento comprendieron y aplicaron los temas de Cantares en una dirección Cristológica, es adecuado que nosotros hagamos lo mismo»[13]. No obstante, Dillon enfatiza que este libro de Cantares se puede interpretar como es debido tanto de manera alegórica como literal, pues el matrimonio en sí mismo es alegórico y literal.

El matrimonio es una metáfora de la relación de Dios con el pueblo que Él redimió. Dillon afirma que este tema se encuentra a lo largo de toda la Escritura: «Israel [...] se describe como el "amado" de Dios (Jeremías 11:5; 12:7), con quien entra en un pacto de matrimonio (Ezequiel 16:8)»[14]. Añade que «cuando un esposo cristiano cumple con fidelidad su deber de guiar y amar a su esposa, y cuando una esposa cristiana cumple su papel de honrar y respetar a su esposo, esto muestra el evangelio de una forma en que ninguna otra institución humana puede hacerlo. Por lo tanto, tiene sentido cuando decimos que Cantares es una alegoría de Cristo y la Iglesia, pues el matrimonio en sí mismo está diseñado como una alegoría de Cristo y la Iglesia»[15]. Esto viene directamente de Efesios 5.

El sexo en el matrimonio es más que placer y satisfacción. Se trata de la gloria de Dios. El objetivo del sexo no es un ideal mundano de la compatibilidad sexual que uno tenga que buscar hasta que la encuentre, sino más bien la gloria de Dios llevando a cabo lo que Él diseñó. El sexo implica el cuidado del cónyuge y una actitud servicial de desinterés mutuo en beneficio del otro. Las iglesias tienen que hablar del sexo en el matrimonio, y no como una estrategia de mercado para sorprender y entretener a las masas con un tema prohibido. Por el contrario, al enseñar las Escrituras a la luz de toda la historia de la Biblia, las iglesias pueden guiarnos a ver cómo Dios diseñó el sexo para su gloria y nuestro beneficio. La autoridad de Dios llega hasta los rincones más íntimos de nuestra vida, e incluso nuestra obediencia en eso le honra.

MENTIRA N.º 6:
«Nadie tiene por qué saberlo»

*De los labios de la adúltera fluye miel; su lengua
es más suave que el aceite. Pero al fin resulta más
amarga que la hiel y más cortante que una
espada de dos filos.*

PROVERBIOS 5:3-4

Esta es la advertencia de la Biblia para un hombre que siente la tentación de cometer adulterio.

No hay matices, negociaciones, descargos de responsabilidad ni excepciones, sino más bien una severa advertencia. Esta advertencia lleva a un mandamiento: «Aléjate de la adúltera; no te acerques a la puerta de su casa» (Proverbios 5:8). Con respecto al pecado del adulterio, Dios no anda con juegos. Quizá no haya otro pecado que muestre con más claridad un corazón lleno de idolatría que cometer adulterio. Es literalmente el rompimiento de un pacto y un asalto al diseño de Dios para el sexo. El adulterio en el sentido literal se trata de forma directa tanto en el Antiguo como en el Nuevo Testamento como algo pecaminoso que prohíbe Dios. El adulterio como metáfora adquiere un papel más importante en la historia de la Biblia, representando la gravedad de la infidelidad del pueblo de Dios hacia Él. De la misma manera en que la unión entre un esposo y una esposa representa la unión de Cristo y la Iglesia, el adulterio es una metáfora que se usa en las Escrituras para ilustrar la traición del pueblo de Dios cuando amó a otros dioses y escogió desobedecerlo a Él.

Para ilustrarle al profeta Oseas lo que sucedía dentro del pueblo de Israel, el Señor le dijo: «Ve y toma por esposa una prostituta, y ten con ella hijos de prostitución, porque el país se ha prostituido por completo. ¡Se ha apartado del SEÑOR!» (Oseas 1:2). Es más, Dios llamó a este hombre a casarse con una mujer promiscua para que pudiera sentir el verdadero dolor de que le engañara alguien que se suponía que estaba comprometido con él. El pueblo de Dios debía verse a sí mismo teniendo amoríos con otros dioses.

Santiago amonestó directamente a su audiencia cristiano-judía con la misma metáfora cuando le dijo: «¡Oh gente adúltera! ¿No saben que la amistad con el mundo es enemistad con Dios? Si alguien quiere ser amigo del mundo se vuelve enemigo de Dios» (4:4). En un comentario devocional sobre este versículo de Santiago, *Ligonier Ministries* explica:

> El apóstol llama a su audiencia original un pueblo adúltero, a pesar de que no hay ninguna indicación en la epístola de que el pecado sexual fuera un problema significativo dentro de los judío-cristianos a los que se dirige. Esto indica que lo que Santiago tiene en mente es el adulterio espiritual. Al mismo tiempo, sin embargo, no hay ninguna pista de que los lectores originales de Santiago fueran culpables de alguna clase de idolatría pagana evidente.

No, el amante que buscaba la audiencia era algo más sutil que la idolatría abierta y, por lo tanto, más peligroso[1].

Ese peligro, dice Santiago, es la amistad con el mundo. Eso no es lo mismo que ser «amigo de los pecadores», como se le llamó a Jesús, basándose en su compasión por los perdidos. La amistad a la que Santiago se refiere es una «designación para ese sistema cuyos valores, amores y hechos están opuestos por completo con lo que agrada a nuestro Creador»[2].

Juan explica esto en su primera epístola: «No amen al mundo ni nada de lo que hay en él. Si alguien ama al mundo, no tiene el amor del Padre. Porque nada de lo que hay en el mundo —los malos deseos del cuerpo, la codicia de los ojos y la arrogancia de la vida— proviene del Padre, sino del mundo» (1 Juan 2:15-16). Como vimos en un capítulo anterior:

- **Los malos deseos del cuerpo** se refieren al deseo de sentir algo. Esto puede incluir querer sentirse atractivo, deseado o feliz, y la tentación es creer que uno tiene que alejarse de Dios y de su Palabra para satisfacer esos deseos.
- **La codicia de los ojos** es cuando uno quiere tener algo. Con frecuencia solo es querer lo que tiene otra persona, tales como estatus, atención y admiración. La persona que experimenta estos deseos se siente tentada a creer que se gana más desobedeciendo a Dios que obedeciéndolo.
- **La arrogancia de la vida** es querer mostrar algo. Esto se puede malinterpretar pensando que se refiere a cuando alguien quiere mostrar sus posesiones materiales, pero eso minimiza lo que significa de veras la amistad con el mundo con respecto a las posesiones. Lo que esta arrogancia quiere mostrar es una apariencia. La apariencia de que todavía eres joven, divertido, que has logrado tus metas y que eres deseable.

El amor al mundo se basa en la falsa creencia de que el mundo tiene lo que buscamos y que puede satisfacer nuestras necesidades emocionales más profundas. Esa creencia en el poder salvador de este mundo se resume en la Biblia como idolatría espiritual. Los adúlteros espirituales son esos que rechazan a Dios y, en vez de Él, siguen cosas tentadoras y atractivas que no son Dios. El acto visible del adulterio que comete un esposo o una esposa nos muestra la realidad invisible de la rebelión del pueblo de Dios contra su Creador. Es el incumplimiento de nuestra parte en una relación de pacto.

La idolatría es tan tonta que la respuesta del Señor ante ella a veces es sarcástica, permitiéndole ver a su pueblo la insensatez que ponen de manifiesto al adorar dioses que no son reales. Como aquí:

> Pero sus ídolos son de oro y plata,
> producto de manos humanas.
> Tienen boca, pero no pueden hablar;
> ojos, pero no pueden ver;
> tienen oídos, pero no pueden oír;
> nariz, pero no pueden oler;
> tienen manos, pero no pueden palpar;
> pies, pero no pueden andar;
> ¡ni un solo sonido emite su garganta!
> (Salmo 115:4-7)

O aquí:

> Los que fabrican ídolos no valen nada;
> inútiles son sus obras más preciadas.
> Para su propia vergüenza,
> sus propios testigos no ven ni conocen.
> ¿Quién modela un dios o funde un ídolo,
> que no le sirve para nada? (Isaías 44:9-10)

¡Qué tonta es la idolatría! El Señor quiere asegurarse de que sepamos nuestra absurdidad cuando cometemos adulterio espiritual.

Con estos ejemplos en mente, debemos considerar la relación entre el adulterio espiritual y la perpetración de la idolatría en la forma del adulterio físico literal. Nunca he conocido a una persona casada que se despertó una mañana y anunció: «Hoy voy a cometer adulterio». De la misma manera, Dios liberó al pueblo hebreo de la esclavitud en Egipto, y cuando lo vieron mandar las plagas y conquistar al ejército de Faraón al abrir de manera milagrosa el mar Rojo, estoy seguro de que no estaban pensando: «Oye, enseguida que tengamos la oportunidad, hagamos un becerro de oro y adorémoslo». Más bien, su pecado vino cuando, con el paso del tiempo, se impacientaron con Dios y con la intercesión de Moisés a su favor. Sintieron que sus necesidades más grandes no se satisfacían de manera oportuna. Samuel James afirma que «el adulterio no es atractivo porque tenga sentido, sino porque vemos en nuestra imaginación su ofrecimiento de felicidad, secreto, emoción y satisfacción»[3].

> **El adulterio físico es la realización del adulterio espiritual, al creer que el mundo es nuestro amigo antes que Cristo.**

El adulterio físico es la realización del adulterio espiritual, creer que el mundo es nuestro amigo antes que Cristo. Dios tiene algo mucho mejor para su pueblo con respecto a la forma en que deben usar el regalo del sexo de la manera en que lo diseñó Él. En vez de ser arrastrado a los labios de la mujer adúltera que se menciona en la primera porción de Proverbios 5, Dios nos dice: «Bebe el agua de tu propio pozo, el agua que fluye de tu propio manantial» (versículo 15). Luego nos muestra la belleza del regalo del sexo y el gran placer que creó para su pueblo mientras participan en el sexo de acuerdo a cómo lo diseñó Él:

Son tuyas, solamente tuyas,
y no para que las compartas con extraños.
¡Bendita sea tu fuente!
¡Goza con la esposa de tu juventud!
Es una gacela amorosa,
es una cervatilla encantadora.
¡Que sus pechos te satisfagan siempre!
¡Que su amor te cautive todo el tiempo!
(Proverbios 5:17-19)

En su gran diseño, Dios tiene algo mucho mejor para los esposos y esposas que hacer algo permanente en un encuentro o relación temporal. En vez de eso, les ha dado «la esposa de tu juventud». Por supuesto, esto se ajusta también a la inversa, como una instrucción para que las esposas permanezcan fieles a sus esposos también. Sin embargo, eso debería terminar con cualquier creencia errónea de que podemos «casarnos con la persona equivocada» o de que podemos romper los votos matrimoniales para buscar a otra persona que no sea nuestro cónyuge, pues «Dios quiere que yo sea feliz». En realidad, no es bíblico.

Siempre he visto el adulterio como la actitud más infantil de todas. Como padre de tres hijos, sé muy bien que una de las señales que delata una conducta pecaminosa es la necesidad de esconderse. Cuando mi hijo del medio tenía tres años, mi esposa estaba limpiando su clóset un día y encontró una botella de soda de dos litros por la mitad. De alguna manera, la había tomado de la cocina sin que lo viéramos, la había escondido en su clóset y había estado tomando tragos de esa azucarada bebida prohibida cuando nadie lo veía. Nos reímos, pues solo tenía tres años y fue capaz de realizar esta misión encubierta él solo, pero también vimos su naturaleza pecaminosa en acción. Saltamos a la adultez y vemos a personas casadas, con carreras profesionales y responsabilidades importantes que viven la vida como niños, escondiéndose y tomando tragos de una fuente prohibida. Todo el proceso se lleva a cabo en secreto debido a que las personas involucradas saben que es vergonzoso. Algunas personas llegan a hacer cosas inimaginables para esconder y mantener los romances extramatrimoniales.

Se ha escrito mucho acerca de ciertas cosas que alientan los romances extramatrimoniales y se han dado muchos consejos sobre vallas de contención que se suponen que ayuden a hacer un matrimonio «a prueba de romances extramatrimoniales»[4]. Aunque creo que este tipo de consejo puede ser útil y puede hacer que una pareja sea consciente de ciertos aspectos de su matrimonio que podrían hacerlo a uno vulnerable a la tentación, creo que, en última instancia, este enfoque no tiene sentido. El matrimonio no está diseñado principalmente para satisfacer tus necesidades. Si el matrimonio estuviera diseñado para satisfacer tus necesidades, ¿qué sucede cuando esas necesidades que tienes no se satisfacen? La sabiduría de este mundo sugeriría que debes satisfacer esas necesidades con otra persona. Los malos deseos del cuerpo y la codicia de los ojos triunfan ese día.

Si bien hay necesidades relacionales que se satisfacen en el matrimonio, Dios es la fuente primaria en lo que respecta a la satisfacción de nuestras necesidades. Eso se parece a un cliché cristiano, pero es esencial que los cristianos entiendan que no tienen que ir fuera de Dios para buscar lo que sea que quieran en sus vidas. Eso es con exactitud lo que tiene lugar en el adulterio. Esto no satisface mis necesidades, pero eso otro sí lo va a hacer. En su libro *Casados para Dios: Haz de tu matrimonio el mejor posible*, Christopher Ash escribe acerca de algunos de los enfoques problemáticos que están presentes en la consejería matrimonial contemporánea y en los recursos para ayudar a los matrimonios: «Dentro del matrimonio a menudo hablamos sobre cómo comunicarnos mejor, cómo lograr una mayor intimidad, cómo tener mejor sexo, cómo ser feliz. Si un matrimonio no sirve a Dios, ninguna satisfacción personal ni sexual lo ayudará»[5].

Como pastor, aconsejo a numerosas parejas que luchan con romances extramatrimoniales y ayudo a quienes han soportado el dolor de descubrir que su cónyuge le fue infiel. En todos y cada uno de esos casos, puedo decir sin temor a equivocarme que los que cometieron adulterio no caminaban con Cristo en ese momento. Más bien iban a la iglesia de vez en cuando, vivían su vida en secreto con una persona prohibida durante la semana y luego llegaban a la casa para poner a dormir a sus hijos, decir oraciones y dormir al lado de sus cónyuges como si todo estuviera normal. O estaban experimentando serias equivocaciones con respecto a lo que Dios quería para ellos. Sin embargo, el secretismo de sus acciones revela que podían intuir que su comportamiento era sancionable. Es un caso clásico de hipocresía. Es un problema espiritual antes que matrimonial. Es olvidar lo obvio: que incluso si nadie más lo sabe, Dios sí lo sabe. En el proverbio que advierte sobre el adulterio se nos recuerda con claridad: «Nuestros caminos están a la vista del Señor; él examina todas nuestras sendas» (Proverbios 5:21). El escritor le recuerda al adúltero que si bien nadie más puede saber de su pecado, de su doble vida, Dios lo sabe. Sin embargo, debido al engaño del pecado, a la parte culpable casi nunca le importa. Hasta que llegan las consecuencias.

«¿Por qué, hijo mío, dejarte cautivar por una adúltera? ¿Por qué abrazarte al pecho de la mujer ajena?» (Proverbios 5:20). ¿Por qué alguien estaría dispuesto a acabar con su familia, con su integridad, con su reputación en la comunidad y, en última instancia, con su relación con Dios solo por una relación o un encuentro sexual? Con frecuencia las personas no pueden responder esa pregunta. Puede que aludan a una falta de intimidad en el hogar o que culpen al estrés en el trabajo o en la vida, diciendo que necesitaban una clase de escape, pero la verdadera respuesta es una espiritual. Nunca pensaron que los atraparían, y les encantó la emoción de la atracción, la atención y la excitación de las cosas escondidas. Hay algo atractivo en el pecado, y esto se remonta al jardín del Edén. En la caída del hombre, creímos la mentira de que las reglas de Dios significaban perderse la verdadera satisfacción. Hay una razón por la que Proverbios 5 nos dice que «de los labios de la adúltera fluye miel» (versículo 3). El pecado a menudo parece muy seductor y tentador, pero no puede satisfacer y no satisfará, porque «la paga del pecado es muerte» (Romanos 6:23) y la vida separados de Dios no es vida en lo absoluto.

Cuando empiezo una sesión de consejería con una pareja, una de las primeras preguntas que hago es si ha habido un romance. La respuesta a esa pregunta me permite saber con exactitud con qué estoy lidiando. Si la pareja viene a verme para hablar sobre temas relacionados con la paternidad, los suegros, las finanzas o la comunicación, sé que nuestras sesiones no serán muy complicadas, y algunos cambios sencillos en su forma de hacer las cosas como pareja pueden provocar un cambio saludable en la dinámica de su hogar. Sin embargo, cuando me entero de que hubo una relación extramatrimonial, respiro hondo, pues sé que se requerirá una consejería muy seria por parte de un terapeuta matrimonial, debido a que la herida es muy profunda y, con frecuencia, el dolor es demasiado intenso como para vencerlo. El adulterio es el acto de traición más grande contra otro ser humano. Es el rompimiento de un pacto. Si bien el perdón es de seguro un mandamiento cristiano y debe dársele a cualquiera que comete adulterio y se arrepiente, a menudo es muy difícil salvar un matrimonio después de una relación extramatrimonial. He visto casos en que ha sucedido, y Dios es bueno, pero el permiso que concede la Escritura para divorciarse cuando la persona es víctima de infidelidad habla de la comprensión de Dios sobre el dolor que acarrea el adulterio. En nuestros esfuerzos por mantener la unión, no podemos minimizar la realidad de lo que ocurrió. Cuando despreciamos el diseño de Dios, el sufrimiento es el resultado.

Proverbios deja claro cuál será el futuro del adúltero debido a sus elecciones:

> Al malvado lo atrapan sus malas obras;
> las cuerdas de su pecado lo aprisionan.
> Morirá por su falta de disciplina;
> perecerá por su gran insensatez.
> (Proverbios 5:22-23)

Es importante notar que, aunque el proverbio no usa palabras blandas para describir a la mujer adúltera que tienta al hombre casado a tener un encuentro sexual, tampoco la culpa. Son las malas obras del hombre, «su gran insensatez» y su falta de disciplina las que lo atrapan. De la misma manera, tampoco el cónyuge engañado tiene la responsabilidad.

Por fortuna, hay esperanza para el adúltero. Gracias a Cristo, donde abundó el pecado, sobreabundó la gracia (Romanos 5:20). En el Evangelio de Juan, encontramos la famosa historia de una mujer sorprendida en adulterio que los escribas y fariseos llevaron ante Jesús[6].

> Los maestros de la ley y los fariseos llevaron entonces a una mujer sorprendida en adulterio, y poniéndola en medio del grupo le dijeron a Jesús:
>
> —Maestro, a esta mujer se le ha sorprendido en el acto mismo de adulterio. En la ley Moisés nos ordenó apedrear a tales mujeres. ¿Tú qué dices?
>
> Con esta pregunta le estaban tendiendo una trampa, para tener de qué acusarlo. Pero Jesús se inclinó y con el dedo comenzó a escribir en el suelo. Y, como ellos lo acosaban a preguntas, Jesús se incorporó y les dijo:
>
> —Aquel de ustedes que esté libre de pecado, que tire la primera piedra.
>
> E inclinándose de nuevo, siguió escribiendo en el suelo. Al oír esto, se fueron retirando uno tras otro, comenzando por los más viejos, hasta dejar a Jesús solo con

la mujer, que aún seguía allí. Entonces él se incorporó y le preguntó:

—Mujer, ¿dónde están? ¿Ya nadie te condena?

—Nadie, Señor.

—Tampoco yo te condeno. Ahora vete, y no vuelvas a pecar. (Juan 8:3-11)

Los que querían condenarla, no pudieron. El que podría haberla condenado, no lo hizo. Tal es la gracia de Dios.

Aunque algunos tal vez no puedan reparar su matrimonio después de un adulterio (a pesar de que hay muchas historias de parejas que se sanan y se reconcilian, por la gracia de Dios), de seguro que su comunión con Cristo y la iglesia se puede restaurar, ya que se nos promete que «si confesamos nuestros pecados, Dios, que es fiel y justo, nos los perdonará y nos limpiará de toda maldad» (1 Juan 1:9). Una cosa que debemos mantener es que el adulterio no es la voluntad de Dios para ninguna persona, y no hay justificación para que sea permisible.

El adulterio físico proviene del adulterio espiritual. Permanecer fiel al Señor resultará en permanecer fiel al cónyuge. Si permanecemos fieles al que es nuestro novio, la fidelidad matrimonial en la tierra será uno de los muchos frutos del matrimonio espiritual y celestial de Cristo y la Iglesia. Aunque de los labios de la mujer adúltera fluye miel, hay una miel de mejor sabor que Dios le ofrece a su pueblo: una que perdura; una que es buena. Se trata de la miel que proviene de la sabiduría que se encuentra en la Palabra de Dios y de hacer las cosas según el diseño de Dios:

Come la miel, hijo mío, que es deliciosa;
dulce al paladar es la miel del panal.
Así de dulce sea la sabiduría a tu alma;
si das con ella, tendrás buen futuro;
tendrás una esperanza que no será destruida.
(Proverbios 24:13-14)

MENTIRA N.º 7:

«La cohabitación es lo más lógico»

«¿A dónde vas a ir durante tu luna de miel? ¿A tu dormitorio?».

Eso fue lo que le dijo un amigo mío a su hija adulta cuando se comprometió luego de cinco años de estar viviendo con su novio. Incluso después de haberse comprometido, todavía no habían definido una fecha para la boda. Cuando ya tienes muchos de los beneficios del matrimonio sin el compromiso, ¿cuál es el apuro? Las parejas que viven juntas sin estar casadas es el nuevo *statu quo* en los Estados Unidos. La cohabitación es el estado de vivir juntos y tener una relación sexual sin estar casados[1]. Funcionalmente, se sitúa entre la nueva versión de una relación exclusiva y el nuevo compromiso. La cohabitación presenta un compromiso falso. Es un acuerdo para vivir juntos mientras dé resultado.

Como pastor, a menudo me piden que oficie ceremonias de bodas. Te sorprenderías al saber cuántas parejas cristianas nominales viven juntas, pero a pesar de eso, quieren que les lea las Escrituras, ore y diga un corto sermón durante la ceremonia, como si no tuvieran idea de que caminan en un absoluto contraste con la ética del sistema de creencias que dicen tener. La incoherencia entre lo que la pareja quiere que represente la ceremonia y el estilo de vida pecaminoso actual en el que viven ni siquiera les pasa por la mente.

Un estudio del *Pew Research Center*[2] mostró que los protestantes evangélicos blancos y los protestantes negros son los grupos religiosos menos propensos a decir que es aceptable que una pareja sin casarse vivan juntas incluso si no piensan hacerlo. Sin embargo, más de uno de cada tres evangélicos blancos y casi la mitad de los protestantes negros creen que la cohabitación es aceptable. El setenta y cuatro por ciento de los católicos no ven nada de malo en que dos personas vivan juntas antes de casarse. Y, desde la década de 1960, el porcentaje de hombres y mujeres que viven juntos antes del matrimonio ha aumentado casi un novecientos por ciento[3].

Pienso que hay dos cosas que han contribuido a este aumento vertiginoso. Ambas caen bajo el paraguas de que el matrimonio contemporáneo se entiende más como una piedra de remate en vez de una piedra angular. La primera solo es que la revolución sexual ha absorbido al cristianismo cultural, pero no al punto de renunciar por completo a todos los principios básicos. En otras palabras, en un mundo donde todo está bien, ser exclusivo con un compañero del sexo opuesto puede parecer un estilo de vida conservador, de modo que las personas se pueden engañar a sí mismas creyendo que la cohabitación no está en conflicto con las creencias cristianas. Puede que a muchos los criaran otros cristianos nominales y, por lo tanto, nunca han tenido contacto con una ética sexual bíblica. Para el cristiano cultural promedio, el conflicto con respecto a la cohabitación no es «un problema». Casi nunca hay un rechazo por parte de sus otras amistades cristianas nominales, y nadie de la iglesia local los conoce lo suficiente como para tener influencia funcional o autoridad para tratar el asunto. La revolución sexual influye en la pareja que viven juntos, debido a que presenta cualquier idea contraria a tener sexo antes del matrimonio como obsoleta y, lo que es aún más significativo, irrealista. Incluso si uno o ambos padres no están muy entusiasmados con la idea, es muy probable que no quieran decir nada para no afectar la paz relacional. En vez de eso, solo esperan que la pareja se case pronto. En la mente de la pareja que cohabita, vivir juntos sin estar casados es lo que hace todo el mundo.

El otro factor es que las personas han adoptado la sabiduría del mundo, para la cual la cohabitación y el sexo prematrimonial son «lo más lógico». Durante mis conversaciones demasiado frecuentes con parejas comprometidas que están cohabitando y quieren que oficie sus bodas, hablar del tema de que viven juntos sin casarse trae como resultado que me miran como si estuviera loco. ¿Por qué no vivirían juntos? Según su punto de vista, tiene sentido relacional (como una clase de período de prueba para ver cómo viven juntos bajo el mismo techo, si son sexualmente compatibles, etc.) y sentido financiero (como una alternativa a tener dos alquileres diferentes, dos facturas de electricidad, etc.). Desde la perspectiva del mundo, ya que con el tiempo se van a casar uno de estos días, esto es lo más lógico.

Sin embargo, Pablo les escribió a los corintios (quienes estaban arraigados en el pecado sexual, entre otras cosas) que la locura de Dios es más sabia que la sabiduría humana (1 Corintios 1:25). Las personas que proclaman el nombre de Cristo tienen que aceptar la realidad de que la sabiduría de Dios nunca se diseñó para que fuera lógica para un mundo pecaminoso. Es y siempre ha sido una sabiduría contracultural. Una pareja que no está casada, y que quiere seguir a Jesús y vivir con fidelidad como el pueblo de Dios, debe estar dispuesta a tomar la decisión, a pesar de lo inconveniente que se perciba en ese momento, de vivir en dos lugares diferentes hasta que estén casados. En la iglesia local donde sirvo como pastor, he visto familias ofrecer sus casas, sin pagar alquiler, para darle una habitación que no usan a una persona comprometida que quiere vivir para Cristo con fidelidad durante su compromiso, pero que tampoco quiere pagar un alquiler aparte. Si la comunidad de la iglesia local desea ver fidelidad en este aspecto, la hospitalidad generosa es parte de la ecuación. La familia de Dios debe estar dispuesta a dar un paso al frente para eliminar los obstáculos financieros (o las excusas) que conducirían a miembros de la iglesia a vivir en el pecado de la cohabitación. Escuché acerca de una iglesia que pagaba uno de los dos alquileres si una de las partes de una pareja comprometida estaba de acuerdo en mudarse y si la pareja hacía un compromiso de mantenerse puros sexualmente hasta el día de su boda.

O (padres, tápense los oídos), si eres un cristiano comprometido y te sientes tentado a cometer inmoralidad sexual, adelanta la fecha de la boda o cásense de inmediato y dejen la fiesta para después; no la retrasen por razones como cuándo llegarán las flores ni cuándo estará disponible el lugar deseado. Cuando una pareja comprometida que está cohabitando presenta la lista de razones del mundo como excusa para justificar por qué viven juntos, casi siempre los animo diciéndoles que el remedio más fácil para todo lo que dicen puede que solo sea seguir adelante y casarse más temprano o incluso lo más pronto posible, lo que podría significar ir a la notaría esa misma tarde. Eso parece la idea más tonta que hayas escuchado si uno cree en la sabiduría del mundo, en especial cuando una pareja ha hecho un depósito no reembolsable para un lugar donde celebrar el matrimonio en una fecha que está a catorce meses del momento presente. No obstante, Jesús nos manda a obedecer ahora, no más tarde cuando sea conveniente.

Una pareja que conozco, Anna y Mark[4], se conocieron y empezaron a salir mientras eran estudiantes universitarios y se comprometieron poco antes de graduarse. Después de graduarse, Mark consiguió un trabajo de ensueño en otro estado y tenía dos semanas para mudarse, mientras que Anna planeaba mudarse a la casa de sus padres hasta la boda, para la que faltaban unos ocho meses. Al darse cuenta de que la larga distancia no era lo que querían, Anna decidió mudarse a donde vivía Mark y conseguir un trabajo para no tener que pasar el resto de su compromiso separados. Mark y Anna eran miembros de la iglesia con buen comportamiento y comprometidos con seguir a Cristo. Cuando supe que Anna se mudaría a donde Mark se acababa de mudar, me sentí feliz por ellos y contento de saber la noticia. Sin embargo, luego de más o menos un mes, se me ocurrió una idea cuando vi en las redes sociales una foto de ellos juntos disfrutando su nueva ciudad. «Espera un momento», pensé, «todavía faltan varios meses para su matrimonio, y Anna se mudó allá enseguida. Espero que no estén viviendo juntos». Ya que tenía la confianza suficiente como para preguntar, llamé a Anna, que era a la que conocía mejor de los dos. Después de conversar por algunos minutos, le pregunté:

—¿Tienes un lugar donde vivir tú sola?

Anna hizo una pausa y luego, un poco nerviosa, me contó lo difícil y lo caro que habría sido encontrar un alquiler para un tiempo corto. También reconoció que sabían que estaba mal y que iban a hacer todo lo posible para no ceder a la tentación. Ya que se iban a casar dentro de algunos meses, pensaba ella, era mucho más fácil vivir en el lugar donde Mark ya se había mudado. Mi respuesta fue sincera y directa. Consciente de que Anna no ignoraba la realidad, solo le pregunté:

—Anna, ¿qué estás haciendo?

Frustrada, me dijo que no tenía otra opción.

Entendía su dilema. Mudarse a una nueva ciudad varios meses antes de la boda y no querer hacer el gasto de alquilar en una ciudad grande, en especial cuando ni siquiera había empezado todavía su nuevo trabajo, era obviamente complicado. Sí, podría haberse quedado en su casa con su familia hasta la boda, pero ahora estaba allí en su nueva ciudad, con Mark, a punto de empezar un nuevo trabajo. Le dije a Anna que entendía la complejidad de todo eso, pero que había una alternativa que creía que honraría al Señor y protegería el testimonio cristiano que tenían ella y Mark.

—Anna —le dije—, cásense mañana.

Se rio y me dijo que estaba loco.

—¡Mi mamá prácticamente me repudiaría! No puedo casarme sin mis padres aquí, y ellos ya pagaron por una ceremonia.

La animé diciéndole que todavía podían tener la ceremonia en la fecha original y verla como una celebración pública de lo que podrían hacer en el juzgado o con un notario, mañana. Ya que era el que iba a oficiar su matrimonio, me ofrecí para tomar un avión y casarlos ahora mismo. Le pregunté qué era más importante, la aprobación de su mamá o la aprobación de Dios. Aturdida, colgó el teléfono, pues no quería hablar más sobre el tema.

Al día siguiente, recibí un mensaje de texto de Anna con una foto suya y de Mark parados en el juzgado con un certificado de matrimonio en la mano. El texto que acompañaba la foto decía: «Mi mamá está enojada contigo». Me hizo reír bastante. Mark y Anna mostraron cómo era elegir a Cristo por encima de la sabiduría del mundo. Me sentí muy orgulloso por su decisión y tuve la oportunidad de ser parte de su celebración varios meses más tarde, donde me pidieron que explicara sus razones para decidir casarse meses antes de la ceremonia de boda. Luego de más de una década, son una familia creciente con hijos, involucrados en su iglesia local y viviendo para Cristo en la misma ciudad donde fueron al juzgado y decidieron edificar sus vidas según el diseño de Dios en vez de vivir en un casi matrimonio, basado en la conveniencia. Seguir a Jesús interfiere con nuestras vidas diarias, incluso cuando, de acuerdo a la sabiduría del mundo, no tiene mucho sentido. David Shuman resume muy bien esta decisión: «Cuando esperamos para vivir juntos hasta que nos casamos, eso demuestra que Jesús es nuestro Rey, y que lo que Él dice es importante para nosotros»[5].

Muchas parejas que cohabitan se identifican como cristianas y le piden a un pastor, no a un notario, que oficie su matrimonio. El componente religioso es importante para la boda, pero no para la relación. Solo el 14 % de los estadounidenses afirma que la cohabitación nunca es aceptable, y «la mayoría de los estadounidenses (69 %) afirma que la cohabitación es aceptable incluso si una pareja no planea casarse»[6]. Sin embargo, una encuesta que llevó a cabo el *Pew Research Center* en el 2019 indicaba que el 70,6 % de los estadounidenses dicen ser cristianos[7]. Eso parece una matemática confusa. Solo hay tres explicaciones para esta discrepancia masiva:

- Muchos cristianos profesantes ignoran la ética sexual bíblica.
- Muchos cristianos profesantes desobedecen de forma directa lo que dice la Biblia con respecto al sexo o no creen que de veras se ponga en práctica.
- Muchos cristianos profesantes no son cristianos en realidad.

Es probable que haya una mezcla de las tres, pero creo que el contribuyente principal es el cristianismo cultural, que se refiere a las personas que se adscriben a un teísmo genérico y a los aspectos atractivos de la religión, pero que no son cristianos, en realidad, por convicción. Seguir a Jesús no es un componente principal del cristianismo cultural. Los vagos valores morales del momento, sí. Someterse a las enseñanzas bíblicas, no. Por lo tanto, las claves para tratar con la crisis de cohabitación entre cristianos profesantes son la evangelización y el discipulado: la evangelización primero, ya que muchas de esas personas solo están perdidas y sin Cristo, y luego el discipulado que enfatiza las enseñanzas bíblicas y se niega a evitar lo que la Biblia tiene que decir con respecto a la inmoralidad sexual.

Creo que gran parte de la oposición de la iglesia a la cohabitación usa un enfoque equivocado. Este enfoque se ha centrado sobre todo en usar estadísticas para advertirles a las personas que la cohabitación reduce la probabilidad de larga duración en un matrimonio, tales como argumentos bien intencionados al estilo de: «La cohabitación casi nunca conduce a las personas a "fueron felices para siempre". El cuarenta por ciento de las personas que cohabitan rompen su relación antes del matrimonio. De los que llegan al altar, las parejas que viven juntas tienen casi el doble de probabilidades de divorciarse comparadas con las parejas que no viven juntas antes del matrimonio»[8].

Sin embargo, esta información práctica no puede salvar a los perdidos ni conducir al creyente a un arrepentimiento. Aunque conocer esas estadísticas es útil, el problema sigue siendo que ninguna pareja que cohabita piensa que eso les va a pasar a ellos. Nunca he escuchado a nadie arrepentirse de su pecado debido a que las estadísticas no están a su favor. Este es un asunto del corazón que necesita afrontarse bíblicamente. Las iglesias locales (que pueden dar por sentado que por lo menos algunos en su congregación son creyentes) no pueden tener miedo de hablar del fenómeno cultural de la cohabitación desde el púlpito. Deben ejercer el amor y el valor para tener conversaciones difíciles con personas que profesan el nombre de Cristo, y que son parte de la comunidad de la iglesia local y que escogieron la cohabitación. Una pareja debe ver dónde sus elecciones están desalineadas con sus convicciones declaradas y enfrentarse a elegir entre seguir a Cristo en santidad o seguir al mundo. Con demasiada frecuencia, las iglesias o la persona creyente guardan silencio con respecto a este tema o permiten que continúe sucediendo sin confrontarlo bajo la vigilancia del liderazgo. Sin embargo, el apóstol Pablo escribe con clara y firme autoridad:

> Por carta ya les he dicho que no se relacionen con personas inmorales. Por supuesto, no me refería a la gente inmoral de este mundo, ni a los avaros, estafadores o idólatras. En tal caso, tendrían ustedes que salirse de

este mundo. Pero en esta carta quiero aclararles que no deben relacionarse con nadie que, llamándose hermano, sea inmoral o avaro, idólatra, calumniador, borracho o estafador. Con tal persona ni siquiera deben juntarse para comer. ¿Acaso me toca a mí juzgar a los de afuera? ¿No son ustedes los que deben juzgar a los de adentro? Dios juzgará a los de afuera. «Expulsen al malvado de entre ustedes». (1 Corintios 5:9-13)

Pablo se toma muy en serio la relación con Jesús del cristiano que está dispuesto a desvincularse de los creyentes que viven en pecado, a fin de que empiecen a comprender la gravedad de sus actos. También deja claro que no se refiere a los no creyentes. Los no creyentes que cohabitan necesitan a Jesús, mucho más de lo que necesitan vivir separados en dos apartamentos diferentes. Nuestra preocupación debe ser mucho más por sus almas que por sus acciones, y ponerlos bajo condenación o juicio por cohabitar sugiere que su problema es cohabitar en vez de la necesidad de creer en el evangelio y confiar en Cristo. Es muy fácil confundirse con respecto al evangelio cuando esperamos que las personas que no son cristianas piensen y vivan como cristianos. Pablo deja eso claro. Si Mark y Anna no fueran cristianos, no habría dicho una palabra sobre su situación. Sin embargo, ya que sabía que amaban a Jesús, y ya que yo los amaba también, tenía que decirles algo. En lo que respecta a los cristianos culturales, creo que hay una fantástica oportunidad de evangelización para ayudarlos a ver la falta de conexión entre la fe que dicen profesar y el estilo de vida actual que han escogido. Es muy probable que ignoren las enseñanzas de las Escrituras y que, en realidad, nunca le hayan entregado sus vidas a Cristo.

El objetivo de abordar la cohabitación no es poner reglas o cargas sobre las personas, sino más bien ver a las personas florecer en sus relaciones con Cristo mientras persiguen el diseño de Dios para sus familias, que es que la pareja sexual se comprometa al matrimonio para toda la vida. Tal vez uno de los mejores ejemplos de cómo se ve eso de «toma tu cruz» en el mundo occidental del siglo veintiuno es que los cristianos se nieguen a buscar los beneficios del matrimonio sin el compromiso del matrimonio. Al tomar esa cruz, se darán cuenta de que Aquel que creó el matrimonio es Aquel que sabe lo que es bueno para nosotros. Para los que no recibieron el don de la soltería, el diseño de Dios es el matrimonio, luego el sexo y construir una vida juntos para su gloria.

TERCERA SECCIÓN

¿CUÁL ES
EL SIGUIENTE PASO?

A LA ESPERA:
La soltería y el evangelio

Luego Dios el Señor dijo: «No es bueno que el hombre esté solo.
Voy a hacerle una ayuda adecuada».

GÉNESIS 2:18

No digo esto porque esté necesitado, pues he aprendido a estar
satisfecho en cualquier situación en que me encuentre.

FILIPENSES 4:11

Gran parte de este libro trata sobre la tensión entre mantener las convicciones bíblicas y rechazar las trampas de diversos movimientos como la cultura de la pureza. En otras palabras, se trata de desechar lo malo de tales movimientos al tiempo que se niega a desechar las verdades bíblicas que los inspiraron. Un ejemplo de esta tensión es ser claro con respecto al diseño de Dios para el matrimonio sin desinformar o manejar mal los sentimientos de las personas solteras en la iglesia.

Si eres soltero y estás involucrado en la iglesia local, es muy probable que te dijeran que debes tener «contentamiento». Pienso que es algo así como un sustituto para evadir una conversación sobre lo que la Biblia dice con respecto al matrimonio y la sexualidad. En ocasiones, el mensaje que escuchan las personas solteras es: «Oigan, solteros, Dios quiere que tengan contentamiento y, ya que tienen tanto tiempo libre pues no están casados, ¡trabajen en la iglesia!». Diferentes versiones de ese argumento están presentes en las charlas de la iglesia casi con la misma frecuencia con la que a uno le dicen que la máquina de hacer helado de McDonald's «no está funcionando ahora». Casi siempre se menciona de manera breve y rápida durante un sermón sobre el matrimonio, un movimiento estratégico para abarcar todas las bases «sin olvidar a las personas solteras».

Tradicionalmente, las iglesias mueven a sus miembros a la clase de solteros del domingo en la mañana después que la persona termina la universidad, y allí te puedes encontrar, juntos en la misma clase, a un hombre de cuarenta y tres años divorciado y a una chica de veintidós años que tenía la esperanza de estar comprometida para su graduación, que ya se aproxima. Ninguno de los dos se siente muy contento de estar ahí, y les resulta un poco incómodo, pero las cosas son como son. Puede que una iglesia incluso tenga un pastor para solteros, cuyo trabajo sea mantenerte ocupado para que no sientas que la iglesia solo parece tener interés en las familias. Algunas iglesias ahora han tratado de hacer los ministerios de solteros un poco más atractivos llamándolos la clase para los «profesionales jóvenes», pero todavía no está claro quién califica para ese título ni cuando adquieres el estatus de profesional no tan joven. De alguna manera, ese hombre de cuarenta y tres años aún está en la clase, creyendo que si Tom Brady puede ganar el Supertazón a los cuarenta y tres años, quizá sea que aún no ha tenido su oportunidad para prosperar.

Sin embargo, según la tendencia en el cristianismo estadounidense, nos encanta hacer correcciones exageradas. En la actualidad, no escasean las publicaciones en línea con títulos como «5 cosas para recordar como cristiano soltero» o «7 cosas que las personas solteras de tu iglesia desearían que supieras». La soltería cristiana prácticamente se ha convertido en su propia industria. Los pastores tienen que andar con cuidado cuando hablan sobre el matrimonio y el sexo, a fin de tratar de evitar los comentarios futuros de que su sermón «no se ajustaba a las personas solteras» y que «tal parece que la iglesia solo se enfoca en las familias». Como resultado, existe la presión de sentir como si fuera necesaria una disculpa cuando la iglesia se enfoca en el matrimonio. Sin embargo, la realidad es que el matrimonio es un diseño bueno y grandioso. No es el único estatus en la vida que bendice Dios, pero es su idea y no debemos disculparnos por eso. Dentro de la iglesia, debemos apoyar, enseñar y honrar el matrimonio.

Fíjate bien en lo que no dije. No dije que la soltería no deba apoyarse, enseñarse ni honrarse en la iglesia. A los ojos de Dios, las personas casadas no son superiores a las personas solteras. Jesús y Pablo estarían en un dilema bastante grande y habría que lanzar por la ventana nuestra Cristología si los solteros fueran inferiores. Sin embargo, eso no cambia el hecho de que el matrimonio estaba presente en la creación. Era la intención de Dios para los seres humanos que creó antes de la Caída. El primer mandamiento que Dios les dio a los seres humanos tenía que ver con la familia: Sean fructíferos y multiplíquense (Génesis 1:28). El matrimonio y la familia eran, y todavía son, el diseño de Dios. El propio Dios dijo que no es bueno que el hombre esté solo (Génesis 2:18). Una persona no es menos humana si no está casada, y de seguro que el matrimonio no es el objetivo final, pues Jesús mismo nos dijo que el matrimonio no existirá en el cielo (Lucas 20:34-36).

No obstante, el matrimonio debe considerarse como algo bueno que la mayoría de los cristianos deben desear. Hay excepciones, y Pablo no teme analizarlas en 1 Corintios 7, de modo que mi argumento es que, en lugar de andar con pies de plomo cuando se trata de hablarles a los no casados en la iglesia, debemos hablar lo que dice la Biblia.

Veamos algunos de los casos en los que Pablo afirma que la soltería es el camino apropiado en vez del matrimonio. Pablo le escribió a la iglesia en Corinto: «En realidad, preferiría que todos fueran como yo [soltero]. No obstante, cada uno tiene de Dios su propio don: este posee uno; aquel, otro» (1 Corintios 7:7). Aquí vemos que algunas personas tienen el don de la soltería. Pablo no tenía que lidiar con los comentarios de los cristianos enojados en Twitter el Día de los Enamorados y no tenía miedo de decir con exactitud la verdad con respecto a la soltería: puede ser un regalo para el reino de Dios. Continúa diciendo:

> **Sin embargo, tanto el matrimonio fiel como la soltería fiel son contraculturales.**

> Yo preferiría que estuvieran libres de preocupaciones. El soltero se preocupa de las cosas del Señor y de cómo agradarlo. Pero el casado se preocupa de las cosas de este mundo y de cómo agradar a su esposa; sus intereses están divididos. La mujer no casada, lo mismo que la joven soltera, se preocupa de las cosas del Señor; se afana por consagrarse al Señor tanto en cuerpo como en espíritu. Pero la casada se preocupa de las cosas de este mundo y de cómo agradar a su esposo. Les digo esto por su propio bien, no para ponerles restricciones, sino para que vivan con decoro y plenamente dedicados al Señor. (vv. 32-35)

Pablo no se encoge de hombros, diciéndoles a los solteros que, como tienen más tiempo libre, deben ser los que sirvan en la iglesia, mientras que los solteros están exentos. Lo que les dice a los que no están casados es que, a diferencia de una persona casada, sus intereses no están divididos. El matrimonio en el que se pueden enfocar por completo es en el de Cristo y la Iglesia. En la actualidad, tal afirmación puede parecer algo así como una campaña de «Jesús es mi novio», y eso es parte del problema de enseñar y vivir el diseño de Dios en la iglesia del siglo veintiuno: con frecuencia nos sentimos avergonzados de ese diseño. Sin embargo, tanto el matrimonio fiel como la soltería fiel son contraculturales. En ningún lugar en la Biblia tenemos la promesa de parte de Dios de que vivir como peregrinos es fácil. En vez de eso se nos dice que, en Jesús, el yugo es suave y la carga liviana (Mateo 11:30). Ya sea que tengamos el llamado a la soltería o al matrimonio, podemos echar nuestras cargas sobre Aquel que cuida de nosotros (1 Pedro 5:7).

Tengo demasiadas conversaciones con personas solteras que solo se han dado por vencidos, y que ahora consideran la pureza sexual como algo anticuado o irrealista. Katelyn Beaty escribió: «De alguna manera, mis cables se cruzaron con los de Dios, pues no ha llegado el esposo. Veinte años después, ya no estoy de acuerdo con la cultura de la pureza, en gran parte porque nunca tuvo nada que decirles a los cristianos mayores de veintitrés años»[1]. No creo que sea importante lo que la cultura de la pureza tenga que decirles a las personas mayores de veintitrés años, debido a que Dios no es el autor de la cultura de la pureza. Él es el creador del sexo y, sin lugar a dudas, tiene algo que decirles a las personas desde la pubertad hasta la tumba con respecto a lo que creó. Si nuestros cables se cruzan con los de Dios, nosotros somos los que tenemos que reconfigurarnos. Beaty sí entiende que la ética sexual del mundo no es la alternativa a la cultura de la pureza: «La cultura de la pureza, de la manera en que se les presentó a los adolescentes evangélicos en los años noventa, no es el futuro de la ética sexual cristiana. Sin embargo, tampoco lo es el enfoque cristiano progresista que solo bautiza el sexo casual en nombre de la autoexpresión, y divorcia el sexo de la fidelidad bajo pacto y del amor sacrificial»[2]. En medio de estas dos formas de pensar opuestas con respecto al sexo, creo que Dios tiene algo que decirles a los adultos que no están casados y que vivieron en la era de la cultura de la pureza. Las tácticas y las modas cambian; Dios no. Su diseño no cambia debido a que los jóvenes profesionales en las grandes ciudades lo consideren irrazonable y poco realista. No hay una exención que Dios otorga que te permita convertirte en un solo cuerpo con otra persona que no sea tu cónyuge una vez que alcances una cierta edad.

No obstante, la soltería no es solo una carga y nada de alegría. Una persona soltera puede mostrar de una manera única parte de la historia del evangelio en su vida, lo que de seguro es un regalo para la iglesia. Sam Allberry, un ministro que no se casó, brinda una expresión de su testimonio personal y de su don de soltería cuando escribió que «tanto el matrimonio como la soltería apuntan al evangelio: el primero refleja su forma, el segundo su suficiencia»[3]. Qué declaración. Los adultos solteros en la iglesia no están eximidos de la oportunidad y la responsabilidad de reflejar la historia del evangelio en sus vidas. Matt Smethurst escribe: «La persona más completa de la historia nunca tuvo relaciones sexuales y nunca se casó. Si la soltería es deficiente, Jesucristo también lo era»[4]. Acuérdate de eso la próxima vez que tu tía te pregunte en la cena de Acción de Gracias por qué no te has casado todavía. Estar soltero no debe poner a nadie a la defensiva, como casi siempre parece ser la norma en la cultura cristiana.

Otra excepción que Pablo trae a colación son las circunstancias de la vida durante las cuales podría ser imprudente

casarse y formar una familia. Les da su opinión a los cristianos en Corinto diciendo: «En cuanto a las personas solteras,
no tengo ningún mandato del Señor, pero doy mi opinión
como quien por la misericordia del Señor es digno de confianza. Pienso que, a causa de la crisis actual, es bueno que cada
persona se quede como está» (1 Corintios 7:25-26). Algunos
estudiosos creen que en esa época había persecuciones que po-
nían en peligro sobre todo a los hombres cristianos. Como
resultado, puede que el matrimonio no fuera la mejor idea
para la audiencia original de Pablo. Como ejemplo paralelo
en nuestra cultura moderna, cuando el matrimonio no es una
opción, se podría justificar una razón para «decirle adiós a las
citas amorosas». Comenzar una relación seria cuando el matrimonio no es posible, o incluso no es lo mejor, es tanto una
señal de falta de sabiduría como de falta de amor. No es sabio
debido a la tentación sexual que está presente en las relaciones
de noviazgo que son para pasar el rato, y demuestra falta de
amor porque coloca a la otra persona en una relación que no
tiene ningún destino real a la vista. Si crees que el matrimonio
no es una opción en ese momento, tampoco lo es el noviazgo
para esa época de tu vida. Puede que tu vida no esté en riesgo,
pero si el matrimonio o «sentar cabeza» no está en tus planes
en ese momento, las citas amorosas tampoco deben estarlo. La
amistad tiene mucho más sentido en ese escenario, en especial
para los creyentes que quieren caminar en pureza.

Sin embargo, la mayoría de los solteros cristianos (al
menos de los que conozco) no están solteros porque ven la
soltería como un don ni porque sus circunstancias actuales
hacen que el matrimonio no sea sabio, sino porque no han
encontrado a alguien con quien salir o a alguien con quien
quieran seguir saliendo. Es aquí donde la conversación sobre
el contentamiento debe tener lugar. Veo que esto es una realidad cada vez mayor para las mujeres cristianas debido a la

creciente disparidad entre el número de hombres y mujeres cristianos en la iglesia. Es fácil para una mujer cristiana mirar a su alrededor en la iglesia y preguntarse: «¿Dónde están los hombres?». Este es un asunto urgente para las iglesias en general, ya que los hombres se están separando de la iglesia local y creando patrones generacionales para el futuro. Cada vez es mayor el número de hombres que no le está entregando sus vidas a Jesús, y hay demasiados que dicen ser cristianos, pero que no los están discipulando en el contexto de una iglesia local. Las mujeres no solo representan un mayor porcentaje de la población cristiana estadounidense que los hombres[5], sino que también son más propensas a afirmar que creen en Dios con absoluta certeza[6], que su fe es importante para ellas[7], que oran por lo menos una vez al día[8] y que asisten con regularidad a servicios religiosos[9]. El resultado es que hay menos personas solteras elegibles para cristianos serios. En realidad, es así de simple. Muchos cristianos no están interesados en salir con alguien que no es serio con respecto a Cristo. Encontrar una nueva iglesia no es la respuesta, pues este problema se extiende a la mayoría de las iglesias, y uno no deja la iglesia donde está comprometido solo con el propósito de encontrar un cónyuge. El contentamiento, en oración, es la única opción para el cristiano serio.

La conversación acerca del contentamiento en la soltería es complicada, porque se puede interpretar como una sugerencia de que el deseo de casarse es una clase de afrenta para el contentamiento como persona soltera. Sin embargo, uno puede creer que «no es bueno que el hombre esté solo» y, a la vez, aprender a tener contentamiento en su situación de vida. Esas dos cosas no se contradicen. El contentamiento es algo tan difícil de alcanzar en cualquier aspecto de la vida que Pablo afirma que esto solo es posible a través de la fortaleza de Cristo (Filipenses 4:13). Por sí mismo, no tenía ninguna probabilidad. El liderazgo de la iglesia les hará un gran favor a todas las personas en la congregación si el tema del contentamiento se toca y se menciona con frecuencia en oración, visto como una virtud cristiana en vez de como un premio de consolación. Uno puede buscar un cónyuge y no sentir vergüenza de eso. Cuando lo haces, estás buscando el diseño de Dios.

Lo opuesto del contentamiento es el resentimiento. La naturaleza humana puede convertir la invitación de boda de una novia o una publicación en las redes sociales sobre el compromiso de un hermano en una afrenta personal, haciendo que una persona se pregunte: «¿Por qué ellos y no yo?». Puede que esa sea una respuesta racional, pero no es una respuesta justa. Una clara indicación de que alguien está luchando con el resentimiento y la amargura es la incapacidad de sentirse feliz con la felicidad de alguien más. Una persona soltera en el ambiente de la iglesia es vulnerable si ve a otros en la iglesia que se comprometen, se casan o se embarazan les provoca resentimiento. El apóstol Pablo declararía con valentía que, en Cristo, es posible luchar contra el resentimiento. Esta no es una respuesta de la clase de Escuela Dominical; es su esperanza sincera como alguien que ha «aprendido a estar satisfecho en cualquier situación en que me encuentre» (Filipenses 4:11). Pablo afirmaba que ahora sabía «lo que es vivir en la pobreza, y lo que es vivir en la abundancia. He aprendido a vivir en todas y cada una de las circunstancias, tanto a quedar saciado como a pasar hambre, a tener de sobra como a sufrir escasez» (versículo 12).

No había nada pecaminoso en que Pablo quisiera alimentarse bien. Estoy seguro de que la mayoría de nosotros preferiríamos no «sufrir escasez». No obstante, en Cristo, podía estar satisfecho sin importar sus circunstancias. Por medio de Cristo que lo fortalecía, Pablo encontró el secreto del contentamiento: creer que Jesús es la mayor bendición en la vida. Para las personas solteras en la iglesia, tiene que haber un enfoque similar con respecto al contentamiento en Cristo como una alternativa a unirse a la ética sexual del mundo o ver la soltería como un período de espera hasta que el matrimonio se haga realidad.

En conclusión, quiero abordar tres cosas que deben quedar claras en relación con los solteros en la iglesia.

1. EL MATRIMONIO NO EQUIVALE A LA FELICIDAD, PERO ESTÁ BIEN ADMITIR QUE LA SOLTERÍA ES DIFÍCIL.

Con demasiada frecuencia, la palabra de la iglesia para los adultos solteros es que el príncipe azul vendrá a sorprenderte o que Rapunzel se soltará el cabello, y una vez que eso suceda, por fin serás feliz. Aunque Dios dijo que no es bueno que el hombre esté solo, eso no insinúa que todos los que no están casados no sean buenos. Una persona puede ser soltera y no estar sola. No nos crearon para estar aislados, sino en comunidad. Y Dios diseñó a la iglesia local como el hermoso y satisfactorio contexto en el que podemos experimentar la verdadera comunidad. Muchos adultos solteros cristianos florecen en comunidad porque son parte de una iglesia local.

Sin embargo, como con cada camino de santificación, hay dificultades. Vaughan Roberts escribe que aunque «el Nuevo Testamento es positivo con respecto a la soltería, no cabe duda de que el matrimonio es lo que se considera como la norma. El matrimonio es el regalo de amor de Dios a la humanidad y el contexto principal en el que se satisface nuestro deseo de intimidad. Por lo tanto, es probable que las personas solteras luchen con la soledad y la tentación sexual. De seguro que esas luchas no son exclusivas para las personas que no están casadas, pero son una parte importante de la condición de estar soltero»[10]. La soledad y la tentación solo empeoran en medio de la agenda sexual agresiva del mundo que nos rodea. Incluso, hace veinte o treinta años los programas de televisión muy populares como *Seinfeld* y *Friends* hacían ver como algo normal el sexo casual con extraños. Personajes como Rachel y Mónica idealizaban la vida de soltera al mostrarla como el marco ideal para tener sexo libre. Hasta se ha dicho que el celibato es la única perversión sexual conocida[11].

Ese mensaje puede dificultar ser una persona soltera que cree en el diseño de Dios para el matrimonio y la intimidad física. No estoy diciendo que los cristianos solteros solo quieran tener sexo y, por lo tanto, adoptarán el mantra: «Si no puedes vencerlos, únete a ellos», con respecto a la ética sexual del mundo. En vez de eso, tenemos que reconocer que la cultura de las citas amorosas que existe en la actualidad es una donde el sexo es algo esperado. Además, algunos cristianos solteros de treinta años puede que digan, y tienen razón, que su amigo que se casó a los veintidós años no entiende cómo es vivir solo desde los veinte hasta los treinta años. Así que nosotros, como miembros de la familia de Cristo, tenemos que ser conscientes de nuestro llamado en común a la pureza y de sus diferentes manifestaciones logísticas.

Si bien el matrimonio secular y el matrimonio cristiano se parecen en algunos aspectos (por ejemplo, a nadie le gusta que lo engañen), la soltería es diferente. La vida de soltero de un cristiano debe ser tan extraña para el mundo que resulta irreconocible. Las iglesias tienen que admitir que, mientras que el mundo idealiza la vida de soltero, la vida de soltero de un seguidor de Jesús es un completo contraste a lo que vemos en la televisión.

Las personas solitarias no deben existir en la familia de Dios. De la misma manera en que el aislamiento en el matrimonio conducirá a una vida marchita, lo mismo es cierto para los que no están casados. Hay tanta presión para mostrar una apariencia de fortaleza e independencia (no «necesito» a nadie) que puede causar una falta de transparencia en las conversaciones con la familia de Dios. En vez de eso, hagamos que nuestras iglesias sean lugares donde practiquemos los mandamientos de «unos a otros» presentes en la Escritura.

2. LA SOLTERÍA NO ES UN ESTATUS DE SEGUNDA CLASE.

Cuántas veces alguien le ha dicho a un adulto soltero: «No puedo creer que todavía estés soltero; ¿qué están pensando esos chicos/chicas allá afuera?». Esa declaración da por sentado que hay algo malo con el estatus de soltero y que el príncipe azul necesita obtener una pista y rectificar la situación. Los cristianos a menudo ven las bodas como una ceremonia de graduación, una promoción o la aceptación en un equipo universitario. Qué drástica es la desconexión entre esas connotaciones y la Escritura, donde Pablo llama a la soltería un don. Robert Mounce señala que, a lo largo de toda la Escritura, Dios compara la iglesia verdadera y pura a una virgen devota a Dios, como por ejemplo en Apocalipsis 14:4 (RVR60): «Estos son los que no se contaminaron con mujeres, pues son vírgenes. Estos son los que siguen al Cordero por dondequiera que va. Estos fueron redimidos de entre los hombres como primicias para Dios y para el Cordero»[12]. Los cristianos solteros no deben sentir que no pueden tener una vida significativa. ¡Todo lo contrario! Pueden «seguir al Cordero por dondequiera que va». Brooks Waldron responde como es debido a esta observación cuando dice: «A través del compromiso de la persona soltera de seguir a Cristo "por dondequiera que va", en especial a través del sufrimiento de abstenerse de la intimidad conyugal y sexual, el compromiso con Cristo al que está llamada toda la iglesia se ilustra con claridad»[13]. La soltería no es, en lo absoluto, un estatus menor o el equipo juvenil de la vida cristiana. Los cristianos solteros que luchan con su estado presente tienen que caminar el proceso de santificación de estar de acuerdo con las Escrituras con respecto al valor de ser soltero. De otra manera, el contentamiento permanecerá en la categoría de respuestas de la clase de Escuela Dominical en vez de ser parte de la senda bíblica hacia una vida agradable a Dios.

3. PUEDE QUE NUNCA TE CASES.

Recuerdo que escuché una ilustración durante una charla sobre el noviazgo y el matrimonio cuando estaba en la universidad. El conferenciante dijo que, si estás mirando al cielo, en sentido figurado, enfocándote en el Señor, tropezarás con la persona del sexo opuesto que esté haciendo lo mismo. «Enfócate en Dios, no en encontrar a alguien, y entonces conocerás a la persona perfecta». No es de extrañar que haya tanto disgusto y frustración en lo que se refiere a los temas del matrimonio y la sexualidad. Dicha forma de pensar también crea estándares irrealistas para quienes sí se casan. «¡Enfócate en Jesús y todo saldrá bien!». ¿Quién lo dice? ¿Y «todo saldrá bien» solo significa matrimonio? Debemos tener cuidado de no hacerles promesas a las personas que Dios nunca hizo. De otra manera, las personas se quedarán preguntándose si miraron a Jesús lo suficientemente enfocados o si, en nombre de un sutil evangelio de la prosperidad, hicieron algo malo, y Dios les está impidiendo tener un cónyuge como resultado.

Para la persona que desea casarse pero se da cuenta de que una vida de celibato es una realidad potencial, las palabras de Pablo le tocarán de cerca:

> La creación aguarda con ansiedad la revelación de los hijos de Dios [...].

Sabemos que toda la creación todavía gime a una, como si tuviera dolores de parto. Y no solo ella, sino también nosotros mismos, que tenemos las primicias del Espíritu, gemimos interiormente, mientras aguardamos nuestra adopción como hijos, es decir, la redención de nuestro cuerpo. Porque en esa esperanza fuimos salvados. Pero la esperanza que se ve ya no es esperanza. ¿Quién espera lo que ya tiene? Pero, si esperamos lo que todavía no tenemos, en la espera mostramos nuestra constancia. (Romanos 8:19; 22-25)

Tim Keller hace un comentario sobre este pasaje de la Escritura donde señala que «este es el futuro, el futuro feliz, pleno y renovador, que la creación puede anhelar, pues es el futuro que anhelan los hijos de Dios. Esta es la respuesta de Pablo a la pregunta de si nuestra gloria futura hace que nuestros sufrimientos presentes sean dignos de soportar. ¡Incluso la creación, afirma Pablo, te insta a decir que sí!»[14]. Permanecer con Jesús, mantener la fe y estar de acuerdo con Dios con respecto a su diseño vale la pena para la persona soltera que desea casarse, pero que es consciente de que puede que ese día no llegue. Otros pueden ver la soltería como un don, y aunque tal vez estén abiertos al matrimonio o incluso lo deseen, no tienen ningún problema con permanecer solteros durante el resto de su vida. Este no es un mejor camino que el de los solteros que luchan *per se*, pero es uno en el que no se siente angustia ni enfado. Es importante saber que todos los cristianos solteros no tienen el mismo enfoque de la soltería y que la Biblia implica que algunos deben permanecer solteros y otros deben buscar el matrimonio (1 Corintios 7:8–9).

Aunque no existe un enfoque único de la soltería para el cristiano, hay una ética sexual, un diseño que se remonta a la creación. Encontrar el contentamiento en Cristo como una cristiana o un cristiano soltero no se puede separar de una creencia en el diseño de Dios basada en convicciones profundas. Una persona no puede vivir con contentamiento alejado de ese diseño, separado de Dios, para encontrar significado, aceptación, realización y amor en vez de a Dios mismo. La vida de soltero no es una vida de segunda clase, y la ética sexual de Dios no solo es una opción para quienes dicen ser sus discípulos. Como Vaughan Roberts lo resume: «Porque, siempre y cuando lo tengas, es un don de Dios, así como el matrimonio será un don de Dios si lo recibes alguna vez. Debemos recibir nuestra situación en la vida, ya sea la soltería o el matrimonio, como un don de la gracia de Dios para nosotros»[15].

12

Dios ofrece una «salida»

Uno de los pasajes de las Escrituras más reconfortantes para mi vida sigue siendo 1 Corintios 10:13. Después que Pablo les advierte a los creyentes que no bajen la guardia con respecto a la tentación, les da ánimo al asegurarles lo siguiente: «Ustedes no han sufrido ninguna tentación que no sea común al género humano. Pero Dios es fiel, y no permitirá que ustedes sean tentados más allá de lo que puedan aguantar. Más bien, cuando llegue la tentación, él les dará también una salida a fin de que puedan resistir» (1 Corintios 10:13).

Me ayuda recordar las verdades que contiene ese solo versículo:

- Mi tentación no es única. Y la tuya tampoco. Es común a la humanidad.
- Dios es fiel.
- Dios no dejará que seamos tentados más de lo que, como seguidores de Cristo nacidos de nuevo y que poseemos el Espíritu Santo, podamos aguantar.
- Dios nos dará una salida cuando seamos tentados.

En un mundo en el que los cantos de sirena de la tentación corean nuestros nombres minuto a minuto, las palabras de Pablo a los corintios me dan consuelo y esperanza. En la misma carta, Pablo dedica mucho tiempo y esfuerzo a tratar con la inmoralidad sexual entre los cristianos (1 Corintios 5—7). Luego, en el capítulo diez, les asegura que Dios está con ellos y que les ha dado una salida.

El pecado sexual no es inevitable para los que están en Cristo.

Cuando estaba en la universidad, Dwayne Carson, el pastor del campus de nuestra escuela, nos dio cuatro palabras para que las recordáramos al lidiar con la tentación en nuestras vidas. Años después, mientras leo en las Escrituras historias de creyentes que lidiaron con la tentación, estoy más convencido que nunca de estas cuatro palabras y las he llamado las «Cuatro favoritas» para ver la «salida» que Dios provee para la tentación. Debido a que el tentador «ronda como león rugiente, buscando a quién devorar» (1 Pedro 5:8), tenemos que hacer todo lo que sea necesario para sacar provecho de la gran promesa de 1 Corintios 10:13, que Dios en su gracia le ha dado a su pueblo.

1. ALIMENTO

El primer paso para vencer la tentación es alimentar nuestros corazones y nuestras mentes con la Palabra de Dios. Jesús es el mejor modelo para nosotros en este punto. Cuando Satanás lo tentó duramente en el desierto, en vez de fallar (como el pueblo hebreo que no confió en Dios en el desierto), Jesús venció. Vemos que 1 Corintios 10:13 es cierto para nosotros, pues Jesús se negó a ceder ante el tentador. Jesús «ha sido tentado en todo de la misma manera que nosotros, aunque sin pecado» (Hebreos 4:15). Satanás tentó a Jesús de tres formas diferentes, y Jesús respondió a cada una de esas tentaciones citando las Escrituras.

De las tres, una me resulta útil en especial a la hora de lidiar con tentaciones del pecado sexual. Aunque esa no fue la tentación específica que Jesús enfrentó, de seguro que su respuesta se ajusta a nuestro tema. «Y después de haber ayunado cuarenta días y cuarenta noches, entonces tuvo hambre. Y acercándose el tentador, le dijo: Si eres Hijo de Dios, di que estas piedras se conviertan en pan. Pero Él respondiendo, dijo: Escrito está: "No solo de pan vivirá el hombre, sino de toda palabra que sale de la boca de Dios"» (Mateo 4:2-4, LBLA).

Allí estaba Jesús, hambriento (lee bien esto, Jesús tenía un apetito biológico o «necesidad»), y Satanás estaba listo para proporcionarle una solución rápida a su hambre. Todo lo que tenía que hacer era obedecer, y el pan lo tendría delante. Sin embargo, había algo que iba a hacer que el Hijo de Dios rechazara los panecillos del diablo. Jesús no estaba dispuesto a alejarse de Dios para satisfacer sus necesidades, pues a diferencia de los hebreos en el desierto que querían una satisfacción instantánea, Jesús no solo vivía de pan.

> Recuerda que durante cuarenta años el SEÑOR tu Dios te llevó por todo el camino del desierto, y te humilló y te puso a prueba para conocer lo que había en tu corazón y ver si cumplirías o no sus mandamientos. Te humilló y te hizo pasar hambre, pero luego te alimentó con maná, comida que ni tú ni tus antepasados habían conocido, con lo que te enseñó que no solo de pan vive el hombre, sino de todo lo que sale de la boca del SEÑOR. (Deuteronomio 8:2-3)

Nuestros anhelos y apetitos nos muestran que estamos desesperados y que dependemos de Dios para satisfacer nuestras necesidades. Y una y otra vez, Dios nos muestra que es capaz y que podemos confiar en que Él satisfará nuestras necesidades. Sin embargo, puede que no sintamos o no veamos físicamente esa provisión fiel en esta vida. Al enseñar acerca de cómo debemos tener hambre y sed de justicia, Russell Moore dijo: «El mismo hecho de que tengas la sensación de que las cosas no son lo que se supone que deben ser, es una señal de que Dios tiene una solución para eso en la era venidera»[1].

El Hijo de Dios fue probado como Israel fue probado, hambriento como Israel estaba hambriento, pero sabía que Dios satisfaría su necesidad con algo más que pan: con su propio ser. John Piper comenta sobre esta historia: «Cada palabra que sale de la boca de Dios revela a Dios. Y es de esa autorrevelación de la que nos alimentamos. Esto durará para siempre. Esto es la vida eterna. Vete, Satanás, Dios es mi porción. No me voy a alejar de su camino ni de su comunión, ni siquiera por un maná milagroso»[2]. Necesitamos alimentarnos de la Palabra de Dios, a fin de que cuando seamos tentados, recordemos su bondad y recordemos que es cuando tenemos hambre y sed de justicia que en realidad seremos saciados (Mateo 5:6). La comida que este mundo tiene para ofrecernos es como el algodón de azúcar, colorido y dulce por un momento, pero incapaz de satisfacer cualquier necesidad verdadera.

El rey David, un hombre que cedió a sus deseos sexuales y cometió pecado sexual con graves consecuencias, escribió:

> ¿Cómo puede el joven guardar puro su camino?
> Guardando tu palabra.
> Con todo mi corazón te he buscado;
> no dejes que me desvíe de tus mandamientos.
> En mi corazón he atesorado tu palabra,
> para no pecar contra ti. (Salmo 119:9-11, LBLA)

David, de quien Dios dijo que era un «hombre conforme a [su] corazón» (Hechos 13:22), sabía que su corazón no sería puro a menos que guardara la Palabra de Dios. Andaría sin rumbo, a menos que atesorara la Palabra de Dios en su corazón. ¡Señor, ayúdanos a tener hambre y sed de ti!

2. COMPAÑERISMO

En una sociedad que ha aceptado por completo la revolución sexual, rodearse de una comunidad de personas con las mismas convicciones bíblicas es, por supuesto, fundamental para los cristianos. En el libro de Hechos, vemos una y otra vez el tema del compañerismo cristiano, dicho de una manera sencilla, vemos a los cristianos haciendo juntos las cosas de la vida diaria. Unidos en compañerismo, «todos los creyentes eran de un solo sentir y pensar» (Hechos 4:32). En un período de la historia en el que quienes se convertían al cristianismo se arriesgaban y soportaban el aislamiento, la persecución y, a veces, la muerte, el compañerismo del cuerpo de Cristo era esencial. Aunque puede que la persecución física no

> **La perseverancia fiel por Cristo va a requerir un compromiso con el compañerismo de la iglesia local.**

sea la realidad actual de los cristianos en el mundo occidental moderno, el hecho de seguir una ética sexual bíblica nos hace enemigos de los dioses de nuestra era. Nuestra cultura enseña que lo único que está prohibido es decir que algo está prohibido. Así que, como te puedes imaginar, hay muchas personas que tienen un problema muy serio con la ética sexual bíblica. No solo necesitamos cristianos que piensen como nosotros, a fin de que nos ayuden en nuestra lucha para no asimilar esta cultura, sino que también nos necesitamos los unos a los otros en general.

Conozco cristianos que se alejan de sus familias por no aceptar el matrimonio de un hermano con otra persona de su mismo sexo. Con frecuencia hablo con creyentes que han perdido amigos debido a confrontaciones sobre diferentes pecados sexuales, y conozco a otros que son motivo de burla y ridículo por tener en cuenta las convicciones bíblicas a la hora de tomar decisiones en sus citas amorosas. Cuando se trata de vivir en este mundo como «extranjeros y peregrinos» (1 Pedro 2:11), la perseverancia fiel por Cristo va a requerir un compromiso con el compañerismo de la iglesia local. Dios nos ha dado el don del compañerismo cristiano. Qué error si no nos aferramos a la familia espiritual que Él ha provisto para unirse a nosotros en las tareas de la Gran Comisión en nuestro mundo.

Estar rodeado de otras personas que tienen tus mismas convicciones te ayuda a saber que no estás loco, que no eres intolerante, opresivo ni un mojigato, solo por lo que crees acerca del sexo. Necesitamos ver que no estamos solos. También necesitamos animarnos los unos a los otros a mantener la fe basada en el amor a Dios y en el amor a los demás. Nuestro compañerismo influirá en nuestro compromiso de vivir dentro del diseño de Dios, pues nuestras relaciones más profundas serán con las personas que no nos van a tentar con la sabiduría de este mundo. Para esos dentro de la iglesia que no están casados, esto es beneficioso en gran medida, ya que el enfoque común con respecto a las citas amorosas y a la amistad con el sexo opuesto no se mezclará con matices sexuales ni con expectativas mundanas. Hay una buena clase de solidaridad entre las personas que saben que viven en un mundo que no es su hogar y que se mantienen unidos por el propósito de no avergonzarse de las Escrituras y el compromiso de caminar juntas. Pablo instruyó a los cristianos en Tesalónica: «Estemos siempre en nuestro sano juicio, protegidos por la coraza de la fe y del amor, y por el casco de la esperanza de salvación; pues Dios no nos destinó a sufrir el castigo, sino a recibir la salvación por medio de nuestro Señor Jesucristo. Él murió por nosotros para que, en la vida o en la muerte, vivamos junto con él. Por eso, anímense y edifíquense unos a otros, tal como lo vienen haciendo» (1 Tesalonicenses 5:8-11).

Mientras nos esforzamos por vivir para Cristo en este mundo, necesitamos animarnos unos a otros y edificarnos unos a otros en la fe. Es común ver cristianos en los que influyen las presiones de este mundo para hacer acomodos culturales en contra de sus convicciones en el lugar de trabajo, y las mismas tentaciones están presentes en un ambiente escolar para cristianos más jóvenes y estudiantes universitarios. Es por eso que necesitamos apoyo para mantenernos en «la fe encomendada una vez por todas a los santos» (Judas 1:3). Cada vez que he visto a alguien abandonar los puntos de vista ortodoxos sobre la sexualidad, ha sido el resultado de una decisión sobre el estilo de vida o de la compañía que se tenía, influyendo en esa persona para que aceptara una visión del mundo contraria. El compañerismo cristiano es esencial para mantener la fe.

3. HUYE

Dios tiene una palabra clara para la iglesia con respecto a la inmoralidad sexual: «huyan» (1 Corintios 6:18). No se anda con matices ni medias tintas sobre este asunto. Cuando Él nos dice que con la tentación nos dará también una salida (1 Corintios 10:13), hay un camino que siempre está disponible, y es el de abandonar por completo el lugar como un piloto de combate que aprieta el botón de eyección en un avión que se estrella. Puedo recordar momentos en mi vida en los que cometí pecados que pude haber evitado con facilidad si solo hubiera abandonado la escena.

La historia de José y la esposa de Potifar, en el libro de Génesis, a menudo se presenta como un modelo para esto, y con mucha razón. Cuando la esposa de Potifar se le insinuó a José, él literalmente huyó. Me lo imagino corriendo hacia la puerta como un corredor olímpico cuando empieza la carrera. Tal vez José sabía que era débil y vulnerable ante la tentación, o quizá lo aterrorizaba la idea de ver a Potifar entrar por la puerta, pero sin importar lo que le pasara por la mente, cuando tuvo la oportunidad de cometer un pecado sexual, huyó de la escena. Creo que lo hizo porque José tenía muy claro que su Dios soberano lo iba a saber, y eso fue una razón suficiente para huir. Consciente de mi naturaleza pecaminosa, debo negarme a confiar en mis propias fuerzas, en especial cuando Dios me da una clara oportunidad de salir corriendo por la puerta. Cuanto más me demoro, más me expongo al león que merodea.

Mi banda cristiana favorita cuando era niño era un grupo que se llamaba *Caedmon's Call*. Tienen una canción que se titula «*Potiphar's Door*» [La puerta de Potifar], que ayuda a que la tentación de José cobre vida en relación con las tentaciones que enfrentan los creyentes. Una parte se ha quedado en mi mente durante años, incluso décadas después que se escribiera la canción: «Entonces, toco a la puerta de Potifar y digo: "Oye, pensándolo bien, quiero hablar un poco más sobre el asunto"»[3]. ¿Cuántas veces es esa nuestra situación cuando somos tentados? La batalla mental, la reconsideración, el pensar que tal vez no es para tanto o que será solo una vez... la única solución es huir. En lugar de tocar a esa puerta que conduce a la muerte, tenemos que huir hacia la vida.

4. PELEA

Hay ocasiones, esperemos que pocas, en las que tenemos que declararle una guerra interna absoluta contra la carne y pelear por la santidad. Pienso en la batalla de Pablo en Romanos 7, donde dice que sabe qué hacer, pero lucha por hacerlo. Hay ocasiones en las que saber de memoria versículos bíblicos, tener relaciones fuertes e incluso tener la oportunidad de huir no nos están ayudando en ese momento, y tenemos que pelear. Pablo les recuerda a los efesios que «nuestra lucha no es contra seres humanos, sino contra poderes, contra autoridades, contra potestades que dominan este mundo de tinieblas, contra fuerzas espirituales malignas en las regiones celestiales» (Efesios 6:12). Saber que Dios siempre gana la batalla contra Satanás es nuestra seguridad de que la batalla es del Señor. Él está con nosotros y nos manda a ponernos la armadura y pelear (Efesios 6:11).

Entreno a un equipo de fútbol de la escuela secundaria, y con frecuencia nos enfrentamos con equipos que son más grandes y más rápidos. Antes de esos partidos, le digo a mi equipo que vamos a tener que pelear. Con eso no me refiero a un altercado físico donde nos vamos a ir a los puños, sino a una actitud que entiende que esto será una batalla. Una gran pregunta para los cristianos con respecto al pecado sexual es: «¿Estás dispuesto a declarar la guerra y pelear?». No creamos ni por un instante que sugerir tal medida es extremismo ni legalismo. El diablo es el que es extremo, y quiere que nos conformemos al legalismo de sus reglas que nos ofrecen las falsas promesas de la revolución sexual. Nuestro enemigo quiere que creamos que la libertad y la prosperidad se encuentran en cualquier lugar menos en el diseño y en la voluntad de nuestro Creador. Tenemos que pelear por la fidelidad de nuestros matrimonios, por nuestro compromiso de pureza sexual, por la victoria sobre la pornografía, y hacer todos los esfuerzos que sean necesarios para resistir la tentación de declarar alianza con los dioses de este mundo.

Nuestra victoria está en Cristo. Él no pierde. Agarrémonos de Él y pidámosle que nos ayude a pelear contra la oscuridad. «Vivan por el Espíritu, y no seguirán los deseos de la naturaleza pecaminosa» (Gálatas 5:16).

Lo que me hubiera gustado que me enseñara el movimiento «El verdadero amor espera»

No hay nada más bíblico que proclamar que Dios diseñó el sexo para que se disfrutara de manera exclusiva por un hombre y una mujer, quienes son esposo y esposa. Eso no es «cultura de la pureza», eso es de la Biblia. Por consiguiente, una cultura de pureza debe verse como una convicción de santidad, no como una vergüenza. La verdadera santidad no se presenta en forma de legalismo farisaico. Jesús tuvo una tensión constante a lo largo de los Evangelios con los fariseos y los escribas de su época, y decía que «atan cargas pesadas y las ponen sobre la espalda de los demás» (Mateo 23:4). Jesús se ofreció a sí mismo como la alternativa increíble: «Porque mi yugo es suave y mi carga es liviana» (Mateo 11:30). Jesús no sugería que seguirlo a Él fuera una tarea fácil, pero Él en sí mismo no es una carga. El mensaje de «El verdadero amor espera» durante la cultura de la pureza colocó sin querer una pesada carga sobre una generación de jóvenes en dos maneras principales: primero, al centrar de manera errónea la motivación principal para la pureza sexual en un futuro cónyuge en vez de hacerlo en Dios y, en segundo lugar, al insinuar que quienes cometieron pecado sexual se convirtieron en ciudadanos de segunda clase.

Cuando predico sermones sobre la inmoralidad sexual a una audiencia de estudiantes o de adultos solteros, nunca menciono a un futuro cónyuge como la motivación para la pureza sexual. En su lugar, presento el diseño de Dios para la sexualidad y les muestro que es para su gloria y para nuestro bien. Habría sido bueno que «El verdadero amor espera» y la cultura de la pureza hubieran centrado su búsqueda de la pureza en una búsqueda de Cristo. Hay cuatro cosas principales que me hubiera gustado que ese movimiento nos hubiera enseñado. Y, como suelen hacer los pastores, voy a usar un poco de aliteración.

1. LA RAZÓN

Una teología del sexo es ante todo acerca de la gloria de Dios. En los eventos de «El verdadero amor espera» a los que asistí cuando era estudiante de la secundaria y del instituto, la razón para no tener relaciones sexuales antes del matrimonio nunca se presentó en el contexto de la gloria de Dios ni de su diseño. Se nos predicó como una regla que no debíamos violar. Sin duda, Dios tiene reglas y los cristianos no se deben disculpar por ellas. Nuestro Dios santo tiene todo el derecho a decirle a su pueblo que «haga esto y no aquello». Sin embargo, en vez de funcionar de manera exclusiva como un juez, Dios les habla a sus hijos como un padre. Las reglas de Dios nunca están desconectadas de sus propósitos. En otras palabras, Dios no solo está ejerciendo su poder, lanzando reglas por amor a las reglas. Él sabe lo que necesitamos, y su corazón es bueno por completo. Cómo me gustaría que la gloria de Dios y su diseño fuera la forma en que llegué a entender una teología bíblica del sexo.

Como adolescente, un énfasis en el diseño de Dios también me habría ayudado a entender más acerca de la historia de la Biblia. Con frecuencia, la presentación del evangelio que escuchas cuando eres adolescente concluye con una invitación a decir algunas palabras mágicas en una oración que provee cierta clase de seguridad de que vas a ir al cielo cuando mueras. En nuestros eventos y celebraciones nunca se mostró un cuadro de lo que es de veras el evangelio y de lo que tiene lugar en mi relación con Jesús como resultado. El evangelio era «¿Quién no quiere ir al infierno?» y si levantabas la mano diciendo que no querías, repetías la oración después de la persona. En un evento de «El verdadero amor espera», la fórmula era haz esta oración y ahora sigue estas reglas. Sin embargo, cuando Pablo quiso ilustrar la belleza de la historia del evangelio en su carta a los efesios, escogió la unión en una sola carne que Dios instituyó al principio de la creación (la cual Jesús repite en Mateo 19): «"Por eso dejará el hombre a su padre y a su madre, y se unirá a su esposa, y los dos llegarán a ser un solo cuerpo". Esto es un misterio profundo; yo me refiero a Cristo y a la iglesia. En todo caso, cada uno de ustedes ame también a su esposa como a sí mismo, y que la esposa respete a su esposo» (Efesios 5:31-33).

El diseño de Dios para el matrimonio tiene un propósito mayor que la procreación, y es señalarnos el matrimonio más importante: el matrimonio entre Cristo y la Iglesia. En vez de reglas, vemos gloria. Es por completo increíble que, cuando Dios creó a Adán y a Eva el uno para el otro, ya tenía el evangelio en mente. Cuando era adolescente, me pregunto cómo habría respondido al escuchar la historia del matrimonio a través del lente de la teología bíblica. Quizá habría visto la ética sexual de la Biblia como algo más que una lista de reglas que no debía violar y, al mismo tiempo, habría entendido el verdadero peso del sexo. Me enseñaron las reglas del sexo, pero no la historia del sexo. Ahora, con mis propios hijos, trato de enfocarme en el «qué» y el «por qué» del diseño de Dios, en vez de hacerlo solo en las prohibiciones. Trato de enfatizar por qué el diseño de Dios es bueno y les explico con claridad las consecuencias de alejarse de su diseño. Quiero que sepan que el matrimonio no es algo casual ni una simple meta habitual; es un espejo ante el mundo de la relación entre Cristo y la Iglesia. En lugar de anillos de pureza en sus dedos, quiero verlos con corazones puros.

Me hubiera gustado que «El verdadero amor espera» hubiera dejado clara su misión acerca de Jesús. No estoy sugiriendo que las personas detrás del movimiento no amaran ni siguieran a Jesús; solo miro atrás con tristeza y decepción, pues la historia del evangelio estaba ausente de la presentación principal. No se trata de que nunca escucháramos el nombre de Jesús, pero no nos lo presentaban como la motivación principal por la que debíamos «guardarnos» para el matrimonio. Qué oportunidad tan desaprovechada de presentar a Cristo y hablar sobre el diseño de Dios con un grupo en una edad en la que se les podía haber enseñado tanto acerca de su Creador y de lo que había provisto para su pueblo. La razón para los límites de Dios con respecto al sexo se basa en su gloria y en su gracia.

2. LAS RAMIFICACIONES

Sin duda, «El verdadero amor espera» no se mostró tímido a la hora de ser sincero sobre las consecuencias de llevar el sexo fuera de los propósitos y del diseño de Dios. No estaban exagerando ni metiendo miedo. El pecado sexual conduce al quebranto, y nuestro mundo obsesionado con el sexo es una evidencia de esta realidad. La cantidad de dolor en nuestra sociedad, como resultado directo de negarnos a colocar nuestras vidas bajo el diseño de Dios para el sexo, es mayor de lo que podemos imaginar. No obstante, las consecuencias del pecado sexual no incluyen una vergüenza interminable para los que están en Cristo. Al hablar con razón de las consecuencias del pecado, es fundamental recordar la verdad evangélica de que no hay que vivir bajo la bandera de la vergüenza, sino que, mediante el arrepentimiento, lo hagamos bajo el perdón y la aceptación de Cristo.

El pecado sexual no deja a uno fuera del campo de la gracia de Dios, pero debe traer consigo la convicción personal. Esta convicción es un acto de la gracia de Dios que nos acerca a Él y nos aleja del mundo. «El verdadero amor espera» presentaba la consecuencia principal como decepcionar a un futuro cónyuge. El pecado sexual del pasado puede provocar dolor y sufrimiento en un matrimonio, pero esa no es la consecuencia principal del pecado sexual. Nuestro pecado es contra el verdadero Dios que se ha dado a conocer a nosotros, no contra un cónyuge hipotético cuyo nombre ni siquiera sabemos. No hay nada hipotético sobre nuestro Dios. Él ha hablado «muchas veces y de varias maneras» y, en última instancia, nos ha hablado a través de su Hijo (Hebreos 1:1-2). La motivación del cristiano para mantenerse sexualmente puro debe ser el deseo de crecer en el conocimiento y el amor a Dios.

> La mayor consecuencia del pecado sexual es la ruptura de la relación con Aquel contra quien se comete el pecado: Dios mismo.

Permíteme decirlo de otra forma. El pecado es engañoso, y es probable que a todas las personas casadas que alguna vez han cometido un pecado sexual contra su cónyuge les pasara por la mente la consecuencia de perder su matrimonio o su familia. No obstante, pecaron de todas maneras. Por lo tanto, si la realidad de hacer sufrir a tu cónyuge, de tal vez perder tu matrimonio y de ver a tus hijos solo el cincuenta por ciento del tiempo no es suficiente, ¿por qué pensaríamos que basta con decirles a adolescentes con hormonas fuera de control que no deben tener sexo fuera del matrimonio porque pueden hacer sufrir a alguien con quien se casarán algún día, dentro de muchos años, a quién nunca han conocido? En un sentido terrenal, un adolescente soltero tiene menos que arruinar que un padre casado con tres hijos. Sin embargo, las ramificaciones del pecado sexual no tienen que ver, ante todo, con perder a la familia, quedarse embarazada o arruinar la reputación; tienen que ver con Dios y pecar contra Él. Si el hecho de que Dios ve y sabe todo está menos presente en nuestra mente que un plan para asegurarnos de que nadie más lo descubra, nunca venceremos la tentación y nos sentiremos siempre desdichados.

La mayor consecuencia del pecado sexual es la ruptura de la relación con Aquel contra quien se comete el pecado: Dios mismo. Me hubiera gustado que «El verdadero amor espera» hubiera enfatizado la santidad de Dios sobre la decepción de un futuro cónyuge potencial. Dios tiene que ser la razón sobre cualquier otra razón; de otra manera nuestra adoración está fuera de lugar. Como cristiano, solo voy a ser fiel como esposo al punto en que pueda ser fiel como hijo de Dios. Pedro le escribió a la iglesia: «Como hijos obedientes, no se amolden a los malos deseos que tenían antes, cuando vivían en la ignorancia. Más bien, sean ustedes santos en todo lo que hagan, como también es santo quien los llamó; pues está escrito: "Sean santos, porque yo soy santo"» (1 Pedro 1:14-16). Un llamado a la santidad no es legalismo; es la forma de personas distintas que pertenecen a un Dios distinto. Lo opuesto de una vida santa (según Pedro) es amoldarte a tu vida antigua, cuando no conocías a Dios ni a su Palabra. Tenemos el llamado a responder a la nueva vida que Dios nos da y a nuestra adopción como sus hijos viviendo como hijos obedientes bajo su amorosa paternidad. A menos que ame a Dios más de lo que amo a mi esposa y a mis hijos, la familia no será una motivación suficiente para vivir en santidad con respecto al sexo. Si amo a Dios, obedeceré sus mandamientos y me interesará más lo que Él piensa que cualquier otro factor.

Pablo les dijo a los cristianos en Galacia: «Con Cristo estoy juntamente crucificado, y ya no vivo yo, mas vive Cristo en mí; y lo que ahora vivo en la carne, lo vivo en la fe del Hijo de

Dios, el cual me amó y se entregó a sí mismo por mí» (Gálatas 2:20, RVR60). El llamado del cristiano es a no vivir para sí mismo, sino más bien vivir la vida por fe en Cristo. Una cosa que resuena para los cristianos más jóvenes es el llamado a vivir sus vidas para Cristo. Recuerdo que cuando era adolescente salía de los retiros y de los campamentos de verano con muchas ganas de vivir para Cristo y de proclamar su nombre. Qué bueno habría sido si los eventos de «El verdadero amor espera» a los que asistí me hubieran motivado a vivir para el Señor en vez de seguir las reglas y no convertirme en una mercancía dañada para un futuro cónyuge. La buena noticia para todos es que «donde abundó el pecado, sobreabundó la gracia» (Romanos 5:20). La santidad de Dios debe señalarnos el amor de Dios y, como resultado, hacer que crezcan nuestros afectos por Aquel que nos amó primero.

3. LA DETERMINACIÓN

En medio de una cultura de caos sexual, los cristianos deben vivir con una determinación que se fortalece cada día con respecto a sus convicciones. Mientras crecía durante la era de «El verdadero amor espera», no tenía idea de lo que le deparararía a mi generación en lo que respecta a creer y vivir la ética sexual como Dios la prescribe en las Escrituras. En los eventos de «El verdadero amor espera» se nos decía lo que no debíamos hacer, pero nunca (al menos que yo recuerde) nos equiparon para lo que significa vivir en el mundo con convicciones cristianas. Se burlarían de nosotros, nos ridiculizarían y nos avergonzarían por tener creencias que, según su opinión, son dañinas para las otras personas. Nos llamarían fanáticos. Eso es más de lo que un chico o una chica de dieciséis años pueden tolerar. Para ser justo, y creo que esta es una aclaración importante, el trabajo de un evento o de un movimiento paraeclesiástico no es equipar a los chicos para que vivan para Cristo en el mundo. Esa responsabilidad es de los padres y de la iglesia local. No obstante, lo que está pasando en la cultura cristiana más amplia casi siempre repercute en la iglesia local. Cuando hablaban sobre el sexo, los ministerios de estudiantes de las iglesias locales adoptaron el enfoque de «El verdadero amor espera» y se enfocaron en la prevención. Las iglesias eran las que llevaban sus autobuses a los eventos de «El verdadero amor espera», donde la ganancia para el ministerio después del evento se contaba de acuerdo a cuántos chicos firmaron las tarjetas.

Es asombroso ver cuántas personas que firmaron esas tarjetas y que crecieron durante ese movimiento han abandonado sus convicciones sobre la ética sexual bíblica, sobre todo en lo que tiene que ver con el género y la homosexualidad. Los estudiantes de nuestros días tienen el estatus de los leprosos del primer siglo si profesan convicciones cristianas con respecto al sexo entre sus compañeros y en los pasillos de sus escuelas. Tenemos que equipar a los estudiantes para que puedan transitar por ese ambiente si queremos ver a una generación que se acoja a la ortodoxia bíblica en el futuro. Lo que hace una persona con la enseñanza de la Biblia sobre la sexualidad ahora se está convirtiendo en un indicador de dónde estará su fe en general en el futuro. Si abandonas lo que dice la Escritura con respecto al matrimonio entre un hombre y una mujer, ¿por qué no abandonarías también lo que dice sobre la exclusividad de la obra redentora de Jesucristo? Debemos enseñarles a los estudiantes que tengan determinación con respecto a sus convicciones y debemos animarlos para que las vivan con valentía. Cuando tus compañeros y compañeras de aula se enteran de que eres una chica que no va a tener relaciones sexuales con su novio, o cuando eres el chico que no está tratando de «llevar a las chicas a la cama», hay ambientes y lugares en la sociedad en los que se burlarán de ti, donde recibirás comentarios pasivo-agresivos, o donde te verán como un anticuado mojigato o mojigata (y eso quizá sea lo más amable que te digan). Eso es mucho para que lo soporte un chico.

Un patrón moderno en la vida evangélica es un concepto llamado «deconstrucción». Hay diferentes facetas en este fenómeno, pero Paula Rinehart ofrece una descripción de esto en el contexto de la fe: «La duda y la desilusión se han convertido en la nueva forma de ilustración. De alguna manera, parece más auténtico hablar sobre nuestras dudas que hablar sobre nuestra fe con confianza. Vemos a reconocidos líderes cristianos "liberarse" de la misma fe, como si se estuvieran quitando grilletes invisibles. Y eso nos desconcierta»[1]. No puedo evitar pensar en la cultura de la pureza cuando leo las palabras de Rinehart. Quizá la prevalencia de la deconstrucción se relacione con el supuesto trauma y la vergüenza que produjo la cultura de la pureza durante los años de formación de tantos cristianos.

Las iglesias tienen que estar dispuestas a ayudar a los que se sienten desilusionados con respecto al enfoque de la subcultura cristiana sobre la ética sexual y a los que luchan con las dudas que ha causado la presión implacable del mundo para que se amolden a sus dioses. Una iglesia fiel tiene que discipular a las personas a través de sus dudas, no con el objetivo de eliminarlas, sino para edificar a los creyentes en las Escrituras., a fin de que no sientan vergüenza del evangelio y de lo que dijo su Dios sobre todas las cosas, incluyendo el sexo, el género y el matrimonio. Rinehart añade que «las Escrituras nunca se refieren a las dudas como una virtud. No obstante, sí asumen que serán parte de la experiencia en un mundo caído y que nos van a llevar a Dios o nos van a alejar de Él [...] Sentirse desilusionado no es divertido, pero sí nos quita ciertas ilusiones de las que necesitábamos deshacernos. Los viejos ideales se reforman»[2]. Ayudar a otros a reformar sus mentes alrededor de las palabras del Dios que es el mismo ayer, hoy y por los siglos va a tener un poder mucho más duradero que solo darles a las personas una lista de cosas que deben y no deben hacer, y esperar que no fracasen. Las personas que tienen confianza en la Palabra de Dios estarán dispuestas a vivir para Dios y tendrán la determinación para soportar el ataque de los valores del mundo.

4. LA REFUTACIÓN

También es esencial que los cristianos puedan refutar las menti-ras de este mundo. Sin importar lo firme que sea con respecto a sus puntos de vista, el mundo está confundido; la mentira más grande que el mundo vende es la de dos ideas contradictorias agrupadas en un mismo sistema de valores. Por una parte, se nos dice que «es solo sexo», pero por otra parte se nos dice que la libertad sexual es todo, y que cualquier clase de reglas o li-mitaciones es opresiva y detestable. Entonces, ¿el sexo no es tan importante, o la satisfacción sexual es el aire que el mundo res-pira? ¡Muy confuso! Me hubiera gustado que el movimiento «El verdadero amor espera» nos hubiera dado una mejor respuesta que «no lo hagas». Los cristianos tienen que ser prudentes y sabios a la vez, capaces de ver dónde la lógica del mundo se de-rrumba y que eso nunca pasa con la de Dios. El sexo funciona como una religión en nuestra cultura, con dogmas como que el sexo se trata de quién eres, cómo actúas y lo que te satisface.

El entendimiento de la identidad sexual en nuestra época es como un dios. Por amor a nuestro prójimo y por el deseo de ver a otros ser alcanzados para Cristo, los seguidores de Jesús tienen que ser capaces tanto de defender la ética sexual bíblica como de refutar las mentiras de este mundo con respecto a la sexualidad. Pienso que la mejor manera de hacer esto es mediante la provi-sión de respuestas para los tres dogmas de esta religión del sexo.

- **El sexo no es «quién eres».** La identidad de una persona no se encuentra en sus deseos sexuales ni en su estatus re-lacional, sino que tiene que encontrarse, a fin de cuentas, en lo que esa persona cree acerca de Jesucristo. El mundo no puede proveer las respuestas que muchos buscan con respecto a su identidad y propósito. Su mejor respuesta es que las personas son lo que sea que sientan, en especial con respecto a los deseos sexuales, y deben dedicar sus vidas a descubrirse a sí mismas en lo que tiene que ver con estas cosas. Si queremos ver a nuestros amigos ganados para Cristo, parte de la conversación tendrá que consistir en refutar el concepto de identidad que tiene el mundo.

- **El sexo no solo es cómo actúas ni la razón por la que sientes lo que sientes y haces las cosas que haces.** A las personas se les dice que deben actuar de acuerdo a cómo se sientan, pero los sentimientos no son confiables. Sí, debemos prestarles atención a nuestros sentimientos, pero no debemos permitirles que decidan por nosotros. Con demasiada frecuencia, en lo que tiene que ver con las elecciones morales con respecto al sexo y a la sexualidad, el sistema de valores de esta época nos anima a actuar basados según cómo nos sentimos. Sin embargo, la tragedia es que el mundo sabe que el corazón es una brújula defectuosa. Incluso las canciones populares hablan de arrepentimientos, errores y de que el corazón puede hacer que tomemos malas decisiones. ¡Hay una guía mejor! Tenemos que reconocer la estupidez y el egoísmo de tal sistema de creencias, y mostrarles a las personas la verdad racional que se encuentra en la Palabra de Dios.
- **El sexo no es la clave para la satisfacción y la realización.** Los cristianos también tienen que rechazar el falso evangelio de la realización sexual como un fin en sí mismo. Esto se ha convertido en un dios tan grande en nuestra cultura que no tener los deseos propios satisfechos es visto como la carencia y la opresión más grandes. Con frecuencia, nuestros deseos no están insatisfechos, sino más bien mal dirigidos.

Según mis más sinceros recuerdos, las narrativas culturales relativas al sexo nunca se refutaron ni siquiera se debatieron en los eventos de «El verdadero amor espera» ni en ningún aspecto de la cultura de la pureza. Solo se presionaba a la audiencia para que tratara el sexo antes del matrimonio como una campaña de «dile no» contra las drogas de los años ochenta. El resultado fue una generación que compró anillos de pureza y firmó tarjetas de compromiso, pero no podía explicar el diseño de Dios ni darle una respuesta a un mundo que predicaba el mensaje opuesto con exactitud. Sin duda alguna, permanecer fieles a nuestras convicciones cristianas requiere determinación, pero estar en una misión también implica cuestionar y rechazar a los dioses de este mundo que guían a tantos lejos de Jesucristo. Me hubiera gustado que el movimiento de «El verdadero amor espera» hubiera tenido un componente misional (que en realidad hubiera permanecido) aparte de tratar de evitar que las personas hicieran algo que lamentarían después. Para alcanzar a un mundo quebrantado sexualmente, los cristianos tienen que ir más allá de solo decirles a las personas qué hacer y, en vez de esto, hablar acerca de la insuficiencia de los dioses y de los valores de un mundo que se debilita y que no satisface.

14

Unas palabras para los quebrantados

Y eso eran algunos de ustedes. Pero ya han sido lavados,
ya han sido santificados, ya han sido justificados en el nombre
del Señor Jesucristo y por el Espíritu de nuestro Dios.

1 CORINTIOS 6:11

Estas son unas de las palabras más hermosas de toda la Biblia, agrupadas en un solo versículo. Para quienes han vivido sus vidas en pecado o que han atravesado el umbral de la impureza, Pablo tiene palabras muy claras: Pablo lo deja claro: si estás en Cristo, ya no eres así. No solo se trata de que los lectores de Pablo dejaron de hacer algo y «eso eran algunos». Fueron lavados, y ese lavado los hizo justificados y santificados; santos ante Dios. Esto tuvo lugar al ser declarados no culpables y justos por completo debido a la justificación. Philip Eveson describe esta doctrina como «el veredicto judicial lleno de gracia de Dios antes del día del juicio, que declara perdonados a los pecadores

culpables que se vuelven a Jesucristo con confianza en su des-
esperación, y que los libera así de todos los cargos y los declara
moralmente justos ante los ojos de Dios»[1]. Considera las implicaciones de este asombroso versículo para todos nosotros que
no solo hemos pecado, sino que todavía sentimos la vergüenza
y la culpa de las elecciones que hicimos en el pasado. Y Dios
no solo nos perdona nuestros pecados, lo que es un acto inima-
ginable de su asombrosa gracia, sino que también nos declara
moralmente justos.

Tengo una camiseta polo con una mancha de grasa de hace
tiempo. Hasta este día, después de intentar todos los métodos
de lavado imaginables, la mancha todavía está allí. Es común
que personas que entienden que sus pecados se han perdonado
por la sangre de Jesucristo crean que todavía llevan una mancha
en sus vidas. A pesar de que creen que Dios limpia el pecado,
todavía piensan que tienen esa mancha de grasa. El apóstol Pablo, escribiendo bajo la inspiración del Espíritu Santo, tiene
una palabra para la persona que piensa así: has sido lavado y
esa mancha es historia antigua. A diferencia de la mancha de
grasa en mi camiseta, tu culpa ya no existe. Puede que todavía
la sintamos, pero Dios no la ve.

En los eventos de «El verdadero amor espera», los testimonios eran casi siempre de personas que habían tenido relaciones
sexuales antes del matrimonio y que estaban arrepentidas de
eso. Yo entendía que Cristo había perdonado a esas personas,
pero también me sentía mal por ellas, pues parecían llevar una
vergüenza y una culpa muy grandes. Ahora, al volver la vista
atrás, me hubiera gustado que los que se arrepintieron de su
pecado sexual y contaron sus testimonios hubieran creído las
implicaciones de su justificación en Jesucristo. Sí, los efectos
de nuestro pecado todavía permanecerán en este mundo, pero
debemos negarnos a vernos a nosotros mismos de una manera
diferente a como nos ve Dios. Hacer esto sugeriría que su lavado no hizo lo que se suponía que hiciera. Dan Dewitt afirma

que «tenemos que lidiar con nuestra vergüenza recordándonos a nosotros mismos cómo Dios ha lidiado con nuestra culpa»[2]. El remedio para nuestra autocondenación es mirar nuestra justificación. Dewitt añade: «Nuestra culpa es objetivamente perdonada en la cruz. En Cristo, Dios hizo alejar de nosotros nuestras rebeliones tanto como lejos del oriente está el occidente (Salmo 103:12). No obstante, la vergüenza se negará a aceptar nuestra nueva identidad. No permitamos que tenga la última palabra»[3].

Los efectos prolongados que sentimos debido a las elecciones del pasado se deben al quebrantamiento. De la forma en que lo estoy usando aquí, el quebrantamiento es diferente del pecado, el cual siempre debe verse como una ofensa contra Dios. En su lugar, el quebrantamiento es una palabra que se usa para describir los efectos del pecado. Cuando estamos fuera del diseño de Dios, las cosas se rompen, y esas grietas se pueden reparar a medida que nos recuperamos y perseveramos en el camino de Dios y seguimos sus mandamientos en fe. Sí, algunas consecuencias permanecen mucho tiempo después de ser perdonados, pero Dios ha provisto medios para que empecemos a reparar lo dañado. La sangre de Jesucristo derramada en nuestro lugar en la cruz es la que limpia nuestro pecado, pero las consecuencias de nuestras elecciones pueden repercutir en nuestra vida.

El camino para salir del quebrantamiento tiene que empezar con la comunidad bíblica. Involúcrate en una iglesia local comprometida con la Biblia y llena de gracia, en una familia y en un ambiente donde, ya que Dios no nos echa en cara nuestros pecados, los creyentes también se nieguen a hacer esto. Junto con el compromiso con un grupo local de creyentes, recomiendo en gran medida la consejería cristiana para ayudar a resolver las heridas del pasado y hacer un plan para continuar caminando en la vida como una nueva criatura. Como ya dije, alejarse del diseño de Dios produce un quebrantamiento real en la vida y, afortunadamente, Dios ha provisto recursos tales como la consejería para ayudar a lidiar con las consecuencias. En tercer lugar, creo que hay un poder sanador en aceptar por completo tu nueva vida, no mirando a lo que queda atrás, sino a lo que está delante (lee Filipenses 3:13). Ya sea que eso signifique tener un matrimonio que honre a Dios o un enfoque diferente en su totalidad con respecto a las amistades con el sexo opuesto y a las citas amorosas, la nueva vida comprometida con seguir el diseño de Dios es una de la que puedes sentirte emocionado.

Si estás ministrando a alguien que está dentro o saliendo del pecado sexual, o tú mismo te encuentras viviendo en él, debes saber que un tema central del Nuevo Testamento es que Jesús viene a rescatarnos en medio de nuestro quebrantamiento. Un ejemplo de eso es la historia de la mujer en el pozo, en Juan capítulo cuatro. En este encuentro, Jesús llegó a Samaria, un lugar que los judíos evitaban debido a la supuesta impureza del pueblo samaritano. Al entrar al pueblo de Samaria, Jesús demostró que no actuaba de acuerdo con la manera en que lo hacían los religiosos de su época. Los enfermos espirituales son los que necesitan un médico, y el Gran Médico estaba a punto de hacer su propia visita a domicilio, trayendo la medicina de su gracia. Cuando llegó a Samaria, Jesús se detuvo en el pozo de Jacob, pues estaba cansado por el viaje. Juan incluye el detalle, al parecer sin importancia, de que «era cerca del mediodía». Sin embargo, a esa hora «llegó a sacar agua una mujer de Samaria» (Juan 4:6-7).

Un estudio de la cultura de Samaria durante ese período de la historia mostraría que el mediodía no era una hora en que las personas solían ir a buscar agua. Tendría sentido ir al mediodía con el propósito de evitar la multitud, como cuando voy a un restaurante popular a almorzar a las 11:15 en vez de hacerlo al mediodía para evitar las colas. Sin embargo, después de una breve conversación acerca de la sed física y del agua, la historia cambia y vemos con exactitud lo que sucedía y lo que Juan quiere que entendamos.

—Ve a llamar a tu esposo, y vuelve acá —le dijo Jesús.

—No tengo esposo —respondió la mujer.

—Bien has dicho que no tienes esposo. Es cierto que has tenido cinco, y el que ahora tienes no es tu esposo. En esto has dicho la verdad. (Juan 4:16-18)

Ese tendría que estar en la lista de los cinco momentos más embarazosos en la historia de la conversación. Imagínate el momento. Sin embargo, lo que parece ser un golpe de juicio de parte de Jesús, lo cierto es que se trata de una invitación a la gracia. Jesús no saca a colación los fracasos de sus relaciones del pasado y su estatus de vida actual para condenarla, sino para ofrecerle un camino diferente, uno que ella sabía que necesitaba. La mujer no llegó temprano al pozo porque no quería esperar mucho, sino porque no quería que la vieran. No era un secreto que había estado casada cinco veces o que el hombre con quien ahora estaba no era su esposo. Los comentarios, las miradas y los chismes eran, tal vez, más de lo que podía soportar. Aunque no quería que otros la vieran, Jesús quería que ella supiera que Él la podía ver con claridad. Es más, vino a Samaria solo para verla.

En ese momento, Jesús no estaba dispuesto a dejarla regresar a continuar viviendo en pecado ni a que siguiera viviendo la vergüenza del incógnito del mediodía. Después de revelarle que de seguro era el Mesías del que le habían contado y que estaba esperando, Juan nos dice: «Muchos de los samaritanos que vivían en aquel pueblo creyeron en él por el testimonio que daba la mujer: "Me dijo todo lo que he hecho"» (Juan 4:39). Por lo general, si alguien te dijera todo lo que has hecho y en el contexto de tu pecado, la última

> Mi oración es que cada persona que vive en pecado sexual tenga un encuentro con Jesús en el pozo de Jacob, donde el pecado no se confronte con vergüenza, sino con gracia.

cosa que harías es celebrar. Sin embargo, aquí esta mujer celebró este encuentro no como alguien que se sintiera intimidado o juzgado, sino como alguien que por fin estaba libre.

La vida de la mujer en el pozo estaba marcada por el quebranto, pero ahora sería lavada por el agua viva. No se nos dice con exactitud lo que sucedió en el resto de su vida, pero sí sabemos que conoció a Jesús y se sintió feliz por eso. Jesús habló de su pecado sin rodeos, y el agua espiritual que le dio era ni más ni menos lo que necesitaba. Mi oración es que cada persona que vive en pecado sexual tenga un encuentro con Jesús en el pozo de Jacob, donde el pecado no se confronte con vergüenza, sino con gracia. Jesús te ve y no te mira con desaprobación. Él entra en tu pueblo, en tu escondite del mediodía, y te ofrece el agua que saciará tu sed y satisfará tu alma.

Nuestro mundo está presto a tildar el diseño de Dios de opresivo. Me gustaría que los que hacen esta afirmación pudieran preguntar a la mujer del pozo (voy a averiguar su nombre cuando llegue al cielo) cómo es de manera precisa la opresión. Apuesto a que diría que ser esclava de sus deseos y circunstancias era el peso que la oprimía, y que el hombre llamado Jesús le mostró un camino de absoluta y verdadera libertad. El diseño de Dios tampoco estaba pasado de moda para ella; le llegó justo a tiempo. Dios permita que la escena en el pozo de Jacob sea el futuro de nuestro ministerio cuando se trata de recibir a los quebrantados por el pecado sexual. Cambiemos la cultura de la pureza por la cultura del evangelio. En vez de firmar una tarjeta con la promesa de mantenerte puro, Dios les hace una promesa a todos los que lo reciben, y esa promesa es Él mismo.

Notas

CAPÍTULO 1: LA CULTURA DE LA PUREZA Y «EL VERDADERO AMOR ESPERA»

1. Joe Carter, «The FAQ's: What You Should Know about Purity Culture», Coalición por el Evangelio, 24 de julio de 2019, https://www.thegospelcoalition.org/article/faqs-know-purity-culture/.
2. Angie Hong, «The Flaw at the Center of Purity Culture», *The Atlantic*, 28 de marzo de 2021, https://www.theatlantic.com/ideas/archive/2021/03/purity-culture-evangelical-church-harms-women/618438/.
3. Sandi Villareal, «Their Generation Was Shamed By Purity Culture, Here's What They're Building in its Place», *Sojourners*, 7 de marzo de 2019, https://sojo.net/interactive/their-generation-was-shamed-purity-culture-hereswhat-theyre-building-its-place.
4. Katelyn Beaty, «How Should Christians Have Sex?», *The New York Times*, 15 de junio de 2019, https://www.nytimes.com/2019/06/15/opinion/sunday/sex-christian.html.
5. «A Timeline of HIV and AIDS», HIV.gov, https://www.hiv.gov/hivbasics/overview/history/hiv-and-aids-timeline.
6. «Adolescent Health», OASH Office of Public Affairs, https://opa.hhs.gov/adolescent-health?adolescent-development/reproductive-health-andteen-pregnancy/teen-pregnancy-and-childbearing/trends/index.html.

7. Carter, «The FAQ's: What You Should Know About Purity Culture».
8. La fuente original se actualizó o eliminó, pero muchos artículos de la época citan el lenguaje original, incluyendo este de 1993: Lisa Daniels, «True Love Waits», *Daily Press*, 21 de noviembre de 1993, https://www.dailypress.com/news/dp-xpm-19931121-1993-11-21-9311210122-story.html.
9. «El verdadero amor espera» lo inició Richard Ross a través de *Lifeway Christian Resources*. Una idea que propuso en 1992 para una campaña de promoción de la pureza sexual entre los estudiantes.
10. Carter, «The FAQ's: What You Should Know About Purity Culture».
11. Kathy Keller, *New City Catechism: 52 Questions and Answers for Our Hearts and Minds*, Crossway, Wheaton, IL, 2017.
12. Paul Carter, «What is Sin?», Coalición por el Evangelio, 20 de diciembre de 2019, https://ca.thegospelcoalition.org/columns/ad-fontes/what-is-sin/.
13. Beaty, «How Should Christians Have Sex?».
14. Erin Roach, «At Song's Anniversary, Rebecca St. James Revisits "Wait for Me"», *Baptist Press*, 5 de abril de 2006, https://www.baptistpress.com/resourcelibrary/news/at-songs-anniversary-rebecca-st-james-revisits-wait-for-me/.
15. Beaty, «How Should Christians Have Sex?».

CAPÍTULO 2: LA CULTURA DE LA PUREZA Y «LE DIJE ADIÓS A LAS CITAS AMOROSAS»

1. Joshua Harris, *Le dije adiós a las citas amorosas*, Editorial Unilit, Miami, FL, 1999.
2. Dirigida y producida por Jessica Van Der Wyngaard en colaboración con Joshua Harris. DOCSology

Pty Ltd, 2018. https://www.youtube.com/
watch?v=ybYTkkQJw_M.

3. Harris, *Le dije adiós a las citas amorosas*, p. 10.

4. Reconocimiento a Gary Chapman.

5. Betsy Childs Howard, *Tiempos de espera: Caminando
    por fe cuando los sueños se retrasan*, B&H Español,
    Brentwood, TN, 2023.

CAPÍTULO 3: EL CONTRAATAQUE A «ES SOLO SEXO»

1. Richard E. Simmons III, «Sex at First Sight:
    Understanding the Modern Hookup Culture»,
    Rooted Ministry, 13 de junio de 2015, https://
    www.rootedministry.com/blog/sex-at-first-sight-
    understanding-the-modern-hookupculture/.

2. John Murray, *La redención consumada y aplicada*, Libros
    Desafío, Grand Rapids, MI, 2007, p. 157.

3. Justin Taylor, «Union with Christ: A Crash Course»,
    Coalición por el Evangelio, 10 de febrero de 2011, https://
    www.thegospelcoalition.org/blogs/justintaylor/union-
    with-christ-a-crash-course/.

4. Tony Reinke, «Union with Christ», página web
    personal, 13 de marzo de 2010, https://tonyreinke.
    com/2010/03/13/union-with-christ/.

SEGUNDA SECCIÓN
ESTAR DE PASO: LA VIDA COMO PEREGRINOS EN UN MUNDO ENLOQUECIDO POR EL SEXO

1. Tim Keller, vía Twitter, 24 de abril de 2021, hilo
    que comienza con https://twitter.com/timkellernyc/
    status/1385951866660474886?lang=en.

2. Tim Keller, vía Twitter, 24 de abril de 2021: https://
    twitter.com/timkellernyc/status/1385951871811170304.

CAPÍTULO 4: MENTIRA N.° 1: «EL SEXO ES PREVISIBLE»

1. «Hookup», APA Dictionary of Psychology, https://dictionary.apa.org/hookup.
2. Leah Fessler, «A Lot of Women Don't Enjoy Hookup Culture, So Why Do We Force Ourselves to Participate», Quartz, 17 de mayo de 2016, https://qz.com/685852/hookup-culture/.

CAPÍTULO 5:
MENTIRA N.° 2: «EL MATRIMONIO ES LA PIEDRA DE REMATE, NO LA PIEDRA ANGULAR»

1. Escuché por primera vez al pastor Jimmy Scroggins usar la terminología de que el matrimonio debe ser la piedra angular y no la piedra de remate. Aquí invertí su metáfora, a fin de reflejar la mentalidad del mundo.
2. Los editores de la Enciclopedia Británica, «cornerstone», *Encyclopedia Britannica*, https://www.britannica.com/technology/cornerstone.

CAPÍTULO 6:
MENTIRA N.° 3: «LA PORNOGRAFÍA ES LA NORMA»

1. David Powlison, «Breaking Pornography Addiction», CCEF, 16 de octubre de 2009, https://www.ccef.org/breaking-pornography-addiction-part-1/.
2. Kevin DeYoung, «I Don't Understand Christians Watching Game of Thrones», Coalición por el Evangelio, 8 de agosto de 2017, https://www.thegospelcoalition.org/blogs/kevin-deyoung/i-dont-understand-christianswatching-game-of-thrones/.
3. Kevin DeYoung, «One More Time on "Game of Thrones"», Coalición por el Evangelio, 22 de agosto de 2017, https://www.thegospelcoalition.org/blogs/kevin-deyoung/one-more-time-on-game-of-thrones/.

4. *Ibídem.*
5. *Ibídem.*
6. *Ibídem.*
7. *Ibídem.*
8. Megan Hill, «The Modesty Conversation We Need to Have», Coalición por el Evangelio, 29 de junio de 2021, https://www.thegospelcoalition.org/article/modesty-conversation/.
9. *Ibídem.*
10. *Ibídem.*
11. *Ibídem.*
12. Elisabeth Elliot, *Déjame ser mujer*, Poiema Publicaciones, Envigado, Colombia, 2022.
13. Hill, «The Modesty Conversation We Need to Have».
14. Sam Allberry, «5 Myths about Body Image», Crossway, 3 de agosto de 2021, https://www.crossway.org/articles/5-myths-about-body-image/.
15. Hill, «The Modesty Conversation We Need to Have».

CAPÍTULO 7:
MENTIRA N.° 4: «NO ES MALO SER GAY»

1. Macklemore, Ryan Lewis, Mary Lambert, «Same Love», *The Heist*, 2012.
2. https://www.churchclarity.org/about.
3. Gene Burrus, «My Hope for Spiritual Friendship and Revoice», Intersect Project, 22 de agosto de 2018, https://intersectproject.org/faith-and-culture/hope-spiritual-friendship-revoice/.
4. *Ibídem.*
5. Steven Wedgeworth, «A Critical Review of Spiritual Friendship», Mere Orthodoxy, 12 de junio de 2018, https://mereorthodoxy.com/critical-reviewspiritual-friendship/.

6. Jackie Hill Perry, «I Loved My Girlfriend—But God Loved Me More», *Christianity Today*, 20 de agosto de 2018, https://www.christianitytoday.com/ct/2018/september/jackie-hill-perry-gay-girl-good-god.html.
7. *Ibídem*.
8. *Ibídem*.

CAPÍTULO 8:
MENTIRA N.º 5: «MI CAMA ES ASUNTO MÍO»

1. «Sexperiment», Ed Young, https://www.edyoung.com/books/sexperiment.
2. *Ibídem*.
3. «Pastor Challenges Congregation to Seven Days of Sex», NBC Dallas Fort-Worth, 10 de noviembre de 2008, https://www.nbcdfw.com/news/national-international/pastor-challenges-congregation-to-seven-days-ofsex/1843264/.
4. Sonia Smith, «Bum Steer: Grapevine Pastor Ed Young Plans 24-Hour "Bed-In" on Roof of Church», *Texas Monthly*, 11 de enero de 2012, https://www.texasmonthly.com/articles/bum-steer-grapevine-pastor-ed-youngplans-24-hour-bed-in-on-roof-of-church/.
5. Mark Driscoll y Grace Driscoll, *Matrimonio real: La verdad acerca del sexo, la amistad y la vida juntos*, Grupo Nelson, Nashville, 2012, p. 177 (del original en inglés).
6. Samuel Parkison, «CT's The Rise and Fall of Mars Hill: An Inquiry», página web personal, 28 de julio de 2021, https://samuelparkison.wordpress.com/2021/07/28/cts-the-rise-and-fall-of-mars-hill-an-inquiry/.
7. Mike Cosper, «The Things We Do To Women», Christianity Today, 26 de julio de 2021, https://www.christianitytoday.com/ct/podcasts/rise-and-fallof-mars-hill/mars-hill-mark-driscoll-podcast-things-we-do-women.html.

8. Mark Driscoll, «The Man», Acts 29 Bootcamp, Raleigh, NC, 20 de septiembre de 2007.

9. Craig Welch, «The Rise and Fall of Mars Hill Church», Seattle Times, publicado originalmente el 13 de septiembre de 2014 y actualizado el 4 de febrero de 2016, https://www.seattletimes.com/seattle-news/the-rise-and-fall-of-marshill-church/.

10. Beth Moore, *Twitter*, 27 de julio de 2021, https://twitter.com/bethmoorelpm/status/1420132100704030725?lang=en.

11. Rosie Moore, «6 Ingredients for Sexual Fulfilment in Marriage», Coalición por el Evangelio, 26 de enero de 2021, https://africa.thegospelcoalition.org/article/6-ingredients-for-sexual-fulfilment-in-marriage/.

12. Douglas Sean O'Donnell, «The Earth Is Crammed with Heaven: Four Guideposts to Reading and Teaching the Song of Songs», Themelios, Themelios 37, no. 1, https://www.thegospelcoalition.org/themelios/article/the-earth-is-crammed-with-heaven-four-guideposts-to-readingand-teaching-th/.

13. Kyle Dillon, «Is the Song of Songs about Sex or Jesus?», Coalición por el Evangelio, 27 de abril de 2020, https://www.thegospelcoalition.org/article/song-songs-sex-or-jesus/.

14. *Ibídem.*

15. *Ibídem.*

CAPÍTULO 9:
MENTIRA N.° 6: «NADIE TIENE POR QUÉ SABERLO»

1. «Spiritual Adultery», Ligonier Ministries, 8 de septiembre de 2010, https://www.ligonier.org/learn/devotionals/spiritual-adultery.

2. *Ibídem.*

3. Samuel James, «Seeing Ourselves in "The End of the Affair"», Coalición por el Evangelio, 17 de agosto de

2017, https://www.thegospelcoalition.org/article/seeing-ourselves-in-the-end-of-the-affair/.

4. Willard F. Harley, Jr., *Lo que él necesita, lo que ella necesita: Construya un matrimonio a prueba de infidelidades*, Baker Publishing Group, Grand Rapids, Michigan, 2007.

5. Christopher Ash, *Casados para Dios: Haz de tu matrimonio el mejor posible*, Publicaciones Faro de Gracia, Graham, NC, 2021.

6. Algunos discuten la legitimidad de este pasaje, ya que algunos de los manuscritos más antiguos del Nuevo Testamento no lo incluyen. Sin embargo, como escribió Juan Calvino con respecto a la historia, «no contiene nada indigno de un Espíritu Apostólico, no hay razón para que nos neguemos a aplicarlo en nuestro provecho». («The Woman Caught in Adultery», Ligonier Ministries, 4 de mayo de 2018, https://www.ligonier.org/learn/devotionals/woman-caught-in-adultery).

CAPÍTULO 10:
MENTIRA N.º 7: «LA COHABITACIÓN ES LO MÁS LÓGICO»

1. «cohabitation», Lexico, https://www.lexico.com/en/definition/cohabitation.

2. Juliana Menasce Horowitz, Nikki Graf y Gretchen Livingston, «Marriage and Cohabitation in the U.S.», 6 de noviembre de 2019, https://www.pewresearch.org/social-trends/2019/11/06/public-views-ofmarriage-and-cohabitation/.

3. Arielle Kuperberg, «Does Premarital Cohabitation Raise Your Risk of Divorce?», *Council on Contemporary Families*, 10 de marzo de 2014, https://contemporaryfamilies.org/cohabitation-divorce-brief-report/.

4. Cambié los nombres por respeto a la privacidad de la pareja.

5. David Shuman, «4 Reasons Not to Move in With Your Partner», Coalición por el Evangelio, 1 de marzo de 2021, https://www.thegospelcoalition.org/article/reasons-not-move-in-partner/.

6. Horowitz, Graf y Livingston, «Marriage and Cohabitation in the U.S.».

7. «Religious Landscape Study», Pew Research Center, https://www.pewforum.org/religious-landscape-study.

8. Erin Davis, «Should You Cohabitate Before Marriage?», ERLC, 13 de mayo de 2015, https://erlc.com/resource-library/articles/should-you-cohabitatebefore-marriage/.

CAPÍTULO 11:
A LA ESPERA: LA SOLTERÍA Y EL EVANGELIO

1. Katelyn Beaty, «How Should Christians Have Sex?», *The New York Times*, 15 de junio de 2019, https://www.nytimes.com/2019/06/15/opinion/sunday/sex-christian.html.

2. *Ibídem*.

3. Sam Allberry, vía *Twitter*, 8 de octubre de 2015, https://twitter.com/SamAllberry/status/652299545469059072.

4. Matt Smethurst, «9 Ways to Pastor Single Christians Longing for Marriage», Coalición por el Evangelio, 15 de mayo de 2018, https://www.thegospelcoalition.org/article/9-ways-pastor-single-christians-longing-marriage/.

5. «Gender Composition among Christians», Pew Research Center, https://www.pewforum.org/religious-landscape-study/christians/christian/#gender-composition.

6. «Belief in God among Christians by gender», Pew Research Center, https://www.pewforum.org/religious-landscape-study/christians/christian/gender-composition/#belief-in-god.

7. «Importance of religion in one's life among Christians by gender», Pew Research Center, https://www.pewforum.

org/religious-landscape-study/christians/christian/gender-composition/#importance-of-religion-inones-life.

8. «Frequency of prayer among Christians by gender», Pew Research Center, https://www.pewforum.org/religious-landscape-study/christians/christian/gender-composition/#frequency-of-prayer-trend.

9. «Attendance at religious services among Christians by gender», Pew Research Center, https://www.pewforum.org/religious-landscape- study/christians/christian/gender-composition/#attendance-at-religiousservices.

10. Vaughan Roberts, «Vaughan Roberts on Singleness», *Living Out*, 12 de enero de 2021, https://www.livingout.org/resources/articles/36/vaughanroberts-on-singleness.

11. Atribuido a Oscar Wilde.

12. Robert H. Mounce, *The Book of Revelation*, vol. 27, Eerdmans, Grand Rapids, 1998, p. 266.

13. Brooks Waldron, «Singleness with a Purpose», Coalición por el Evangelio, 17 de noviembre de 2010, https://www.thegospelcoalition.org/article/singleness-with-purpose/.

14. Tim Keller, «Creation's Groans are Not Meaningless», Coalición por el Evangelio, 15 de julio de 2015, https://www.thegospelcoalition.org/article/creations-groans-are-not-meaningless/.

15. Vaughan Roberts, «Vaughan Roberts on Singleness».

CAPÍTULO 12: DIOS OFRECE UNA «SALIDA»

1. Grace Thornton, «We Must "Hunger and Thirst for Righteousness" Says Moore», *The Alabama Baptist*, 13 de septiembre de 2019, https://thealabamabaptist.org/we-must-hunger-and-thirst-for-righteousness-says-moore/.

2. John Piper, «Man Shall Not Live on Bread Alone: What to Eat While Fasting», *Desiring God*, 15 de enero de 1995, https://www.desiringgod.org/messages/man-shall-not-live-on-bread-alone.

3. Caedmon's Call, «Potiphar's Door», *The Guild Collection*, volumen 2, 1998.

CAPÍTULO 13: LO QUE ME HUBIERA GUSTADO QUE ME ENSEÑARA EL MOVIMIENTO «EL VERDADERO AMOR ESPERA»

1. Paula Rinehart, «Dealing with Doubt in an Age of Deconstruction», Coalición por el Evangelio, 9 de agosto de 2019, https://www.thegospelcoalition.org/article/dealing-doubt-age-deconstruction/.
2. *Ibídem.*

CAPÍTULO 14: UNAS PALABRAS PARA LOS QUEBRANTADOS

1. Philip Eveson, «The Doctrine of Justification», Coalición por el Evangelio, https://www.thegospelcoalition.org/essay/the-doctrine-of-justification/.
2. Dan Dewitt, «The Difference Between Guilt and Shame», Coalición por el Evangelio, 19 de febrero de 2018, https://www.thegospelcoalition.org/article/difference-between-guilt-shame/.
3. *Ibídem.*